50센티 더
가까워지는
선물보다
좋은 말

50센티 더 가까워지는
선물보다
좋은 말

노구치 사토시 지음 | 최화연 옮김

 밀리언서재
Million Publisher

기분 좋은 대화의 비밀

오늘날 미국 메이저리그에서 활약하고 있는 일본인 투수이자 지명타자 오타니 쇼헤이가 슈퍼스타로 인기를 끌고 있는 이유는 야구 천재에 걸맞은 뛰어난 실력과 화려한 플레이뿐만 아니라 인품으로도 사람들을 매료시키기 때문입니다.

그가 메이저리그로 진출한 지 얼마 되지 않았을 때의 일입니다. 한 시합에서 오타니 선수는 일류 투수 저스틴 벌렌더 선수에게 삼진아웃을 당했습니다. 기자가 그때 기분이 어땠느냐고 묻자 오타니 선수는 이렇게 대답했습니다.

"그렇게 빠르고 품격 있는 볼은 처음이었습니다."

상대 투수에게 최고의 경의를 표하는 대답이었습니다.

'품격 있는 볼'이라니, 참으로 멋진 말입니다.

이런 상황에서 대부분의 사람들은 자신을 중심으로 이야기합니다. 보통 사람이라면 '오늘은 움직임이 둔했다', '다음에는 꼭 치고 말겠다', '더 열심히 연습하겠다'와 같이 표현할 것입니다.

그러나 오타니 선수는 우선 상대 투수에 대해 언급했습니다. '말할 때 상대의 얼굴을 먼저 떠올리는 것'은 순간적으로 꾸며 내기 힘든 부분입니다. 어릴 때부터 쌓아온 오타니 선수의 인성이 그와 같은 말로 드러난 것입니다.

이제부터 이야기할 내용은 오타니 선수처럼 남에게 사랑받고 존경받는 커뮤니케이션 비결입니다. 이것은 그 사람의 무의식적인 행동에 녹아 있어 매우 자연스럽게 이루어지는 의사소통 방식입니다.

이런 대화법은 상대를 웃음 짓게 하고 흔쾌히 이야기를 풀어놓도록 만듭니다.

메신저를 하거나 메일을 보낼 때 이 방식을 적용하면 상대가 빨리 답장을 보낼 것입니다. 평소에는 답신을 늦게 보내는 사람이라도 말입니다.

열정 가득한 답장 내용과 분량에 상대의 호감이 고스란히 전해져 다시 한 번 깜짝 놀랄지도 모릅니다.

이런 커뮤니케이션의 비결은 '상대를 먼저 생각하기', '상대방을 대화의 중심에 두고 이야기하고 질문하기'입니다.

말하자면 '상대방을 주인공으로 만드는 대화'입니다.

흔히 우리는 다른 사람에게 애정과 존경을 받으려면 남들보다 뛰어나야 한다고 믿습니다. 그래서 무심코 자신을 주인공으로 내세우고 자랑하며 잘난 척합니다. 하지만 아무리 '나는, 나는'이라고 자신을 드러낸들 상대방에게 좋은 반응을 끌어낼 수 없습니다.

사람은 누구나 자신의 존재를 인정받고 싶어 하고 관심을 끌기를 바랍니다.

상대의 관심을 끌려면 어떻게 해야 할까요? 여기에서 의식의 전환을 해야 합니다. "당신은요?"라는 질문으로 상대를 주인공으로 만드는 대화를 이끌어가면 상대의 태도는 순식간에 달라집니다. 표정이 풍부해지고 과묵하던 사람의 말수가 늘어나며 대화도 점점 무르익어 갑니다.

사람은 그만큼 자신에 관해 이야기할 때와 자신의 이야기를 남이 들어줄 때 기쁨을 느낍니다. 이것이 바로 '상대방을 주인공으로 만드는 대화법'입니다.

이것을 간단히 표현하면 다음과 같습니다.

상대방을 생각하고 그 마음을 상대방에게 전달하기.

이 대화법은 누구에게나 적용할 수 있습니다. 상사, 부하직원, 고객, 마음에 드는 이성, 학부모 모임, 친구, 가족 등 상대가 누구든 긍정적인 결과를 얻을 수 있습니다.

더욱 흥미로운 사실은 상대방을 대화의 주인공으로 만들고 그 사람의 이야기를 들어주면 상대는 이전보다 당신에게 더욱 관심을 보이며 당신의 말에 귀를 기울이게 된다는 것입니다.

상대방을 주인공으로 만드는 대화를 하다 보면 자연스럽게 내 이야기도 하게 되고 상대방에게 좋은 반응까지 끌어낼 수 있습니다. 그러니 이토록 훌륭한 커뮤니케이션 방법을 활용하지 않을 이유가 없겠지요.

오늘부터 사람들과 소통할 때마다 '지금 대화의 주인공은 누구인가'를 조금씩 의식해보기 바랍니다. 그 순간부터 일, 연애, 친구 관계에서 극적인 변화가 시작될 것입니다.

이제 그 비결에 대해 자세히 살펴보겠습니다.

노구치 사토시

50센티 더
가까워지는
선물보다 좋은 말

말재주가 없어도
단숨에 호감이 상승하는
상대 중심 대화법

'덕분에' '당신은요?'
'역시'

두 번째 만남이
더 기다려지는 사람
　　　　　　주인공은 아닌데
　　　　　　대화를 주도하는 사람
　　'읽씹', '안읽씹'
　　절대 없는 대화의 기술

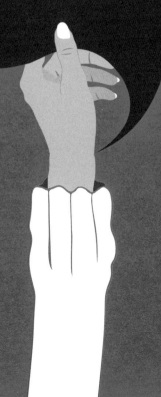

PART
01

결정적 기회는
말에서 나온다
―상대를 주인공으로 만들기

단번에 호감이 상승하는 기적의 대화법

'상대방을 주인공으로 만드는 대화법'이라고 하면 조금 낯선 표현에 어떤 개념인지 바로 와 닿지 않는 사람들도 있을 것입니다.

사람들을 만나서 이야기를 나눌 때 '지금 누가 이야기의 주인 공인지'를 유념하며 대화하는 사람이라면 인간관계에 정통한 사람일 것입니다.

예를 들어 상대방이 "차 샀어"라고 말하면 당신은 어떤 말을 건네겠습니까? 다음과 같은 반응을 보일 수 있겠죠?

첫째, "차종이 뭐야? 얼마 주고 샀어? 연비는 어떻게 돼?"

이런 식으로 이야기를 전개하는 사람도 많을 텐데 이때는 차 가 이야기의 주인공이 됩니다. 이러한 대화법을 이 책에서는

'사물'을 주인공으로 만드는 대화법이라고 칭합니다.

둘째, "그렇구나. 우리도 10년 정도 타서 이제 슬슬 바꿔야 하는데."

이렇게 말한다면 대화에서 주로 자기 이야기를 하는 사람입니다. 적잖은 사람들이 대화에서 일방적으로 자기 할 말만 쏟아냅니다. 이러한 대화법을 이 책에서는 '나 자신'이 주인공이 되는 대화법이라고 일컫습니다.

셋째, "잘됐다! 차가 있으면 여행도 다니고 즐거운 일도 많아지겠네."

이렇게 말하는 것이 '상대방'을 주인공으로 만드는 대화법입니다. 이런 식으로 이야기를 전개하면 상대는 물론 자신도 즐겁게 대화를 나눌 수 있습니다.

'사물' 혹은 '나 자신'이 주인공이 되는 이야기를 하지 말라는 의미가 아닙니다. 누구나 자기가 아는 것을 말하고 싶고 상대가 자기 이야기를 들어주길 바라니까요.

다만 자기 이야기가 길게 이어지면 듣는 사람으로서는 아무래도 조금 지루하고 버겁게 느껴지기 마련입니다. '사물'이나 '나 자신'에 초점을 맞춘 이야기만으로 상대를 즐겁게 해주려면 상당한 수준의 화술이 필요하겠죠.

그래서 상대방을 주인공으로 만드는 대화법을 해야 하는 것입니다.

나를 알아주기를 바라는 심리

사람들은 누구나 이렇게 생각합니다.

'상대가 관심을 가지고 내 말을 들어주면 좋겠다.'

또한 듣기만 하는 것이 아니라 더 나아가서 이렇게 생각하죠.

'내 이야기에 공감하면 좋겠다.'

'긍정적으로 받아들이면 좋겠다.'

이 3가지 욕구가 충족되었을 때 '나를 이해해주었다'라고 느낍니다. 마음에 영양분이 충분히 채워지는 기분이 드는 것이죠.

설령 뛰어난 화술이 없어도 상대를 주인공으로 만드는 대화법으로 이 3가지 욕구를 충족시키면 상대방은 흔쾌히 자기 이야기를 풀어놓게 됩니다.

그러면 다음 2가지의 근사한 보상이 당신을 기다릴 것입니다.

① 상대방은 자연스럽게 당신에게 호감을 느끼고 꼭 다시 만나고 싶다고 생각합니다.

② 이야기의 폭이 넓어지면서 대화가 부드럽게 흘러갑니다.

당신과 대화할 때 상대방은 계속 웃는 표정을 짓게 됩니다. 회사에서는 상사와 부하직원뿐 아니라 거래처 사람들의 마음을 사로잡는 강력한 매력을 발휘해 업무적으로 좋은 성과와 실적을 냅니다.

이러한 결과를 낼 수 있는 방법은 지극히 단순합니다. 사람들과 대화할 때, 메일을 보내거나 메신저를 할 때 가능한 상대가 주인공이 되도록 이야기하고 질문하는 것입니다.

그리고 상대의 말에 '좋네요' 하고 공감할 수 있다면 금상첨화이겠지요.

지금부터 소개하는 '상대방을 주인공으로 만드는 대화법' 중 한 가지만이라도 실제로 적용한다면 상대방의 마음은 자연스럽게 당신을 향해 기울어질 것입니다.

다양한 대화 기술을 전하기에 앞서 이 대화법을 실천한 사람들에게 어떤 기적이 일어났는지 이야기하려고 합니다.

이러한 기적은 당신에게도 곧 일어날 것입니다.

우선 '상대방을 주인공으로 만드는 대화법', '나 자신이 주인공이 되는 대화법'이라고 표현하기에는 문장이 길기에 간단하게 줄여서 '상대방 주인공 대화법', '자기 주인공 대화법'으로 표현하겠습니다.

말재주가 없어도
사람을 끌어당기는 대화의 기술

제가 처음으로 '상대방 주인공 대화법'을 권했던 남성이 있습니다. 오래 알고 지낸 부동산 개발 회사 사장님의 의뢰로 그분에게 상대방 주인공 대화법을 소개하게 되었습니다.

"입사하고 1년이 지났는데 아직 한 건도 실적을 내지 못한 영업사원이 있습니다. 이 사람도 남들 못지않게 성과를 올리고 제 몫을 하는 영업사원이 될 수 있을까요?"

이제까지 저는 30년 이상 연수, 강연, 서적 등을 통해 많은 사람들의 '말하는 방법'을 바꿔서 인생을 긍정적으로 변화시켜 왔다고 자부합니다. 그래서 그 영업사원과 연수를 시작하게 되었습니다.

이분이 근무하는 부동산 개발 회사의 주요 사업은 시내에서 잠재가치가 있는 부동산을 찾아내는 일이었습니다. 그곳을 매입해 호텔이나 맨션을 지어 부가가치를 창출한 다음 매도하는 사업이었지요.

그런데 이처럼 가치 있는 부동산은 흔히 볼 수 있는 것이 아니기에 찾기가 쉽지 않습니다.

영업사원이 평소 거래처 부동산 회사 경영자나 담당자와 인간적으로 깊은 유대 관계를 맺어두어야 하는 이유가 바로 여기에 있습니다. 아주 드물게 귀한 물건이 나왔을 때 '이건 ○○회사 ○○씨한테 연락해야겠다'라는 생각이 들 정도로 돈독한 관계를 쌓아야 합니다.

그런데 그 영업사원은 부동산 회사를 찾아가서는 이렇게 말합니다.

"저희 회사는 이런 회사이고, 사장은 이런 사람이며 지금까지 귀사와 이러저러한 협력을 해왔습니다. 은행 대출도 바로 받을 수 있으니 좋은 물건이 있으면 꼭 저희 회사에 소개해주시기를 부탁드립니다."

이런 식으로 쭉 한 번 설명을 마치면 금방 말할 거리가 떨어집니다. 결국 별다른 정보도 얻지 못하고 금방 거래처를 나서야 하는 것이죠. 이런 일이 반복되는 상태였습니다.

이렇게 해서는 1년 동안 실적이 전혀 없다고 해도 전혀 이상하지 않습니다.

호감이 전해져야 응답이 온다

커뮤니케이션 자체에 서툰 그는 다양한 대화 기술을 습득할 여력조차 없어 보였습니다. 그때 제가 가르쳐준 것은 단 한 가지였습니다. 바로 '상대방을 대화의 주인공으로 만들라'는 것이었습니다.

우선 거래처에 찾아가서 사장 개인이나 회사에 대해 질문하고 이야기를 들어보라고 지시했습니다. 그리고 회사 홍보는 마무리 단계에서 살짝만 하라고 일러두었습니다.

그런 다음 사무실로 돌아와서는 다음과 같은 내용으로 메일을 써서 보내라고 당부했습니다.

"오늘 사장님께서 해주신 말씀은 처음 듣는 내용이었습니다. 나중에 꼭 그다음 이야기도 듣고 싶습니다."

구체적인 내용을 소개하면 다음과 같습니다.

"오늘은 바쁘신 중에 정말 감사했습니다. 사장님의 경험담에서 우러나온 값진 말씀들이 신출내기인 제게는 놀라울 따름이었습니다. 특히 '영업 실력은 거절당하며 느는 것'이라는 말씀에 큰 용기를 얻었습니다. 다음번에 조금 더 상세한 이야기를 들려주실 수 있을까요?"

이렇게 어느 정도 매뉴얼로 만들어두고 이 한 가지 영업 방식을 모든 거래처에 적용해보라고 권했습니다. 그가 실전에서 적용해보니 거래처에서 조금씩 답변이 오기 시작했습니다.

거래처의 답신에 '메일 고마워요. 다음에는 언제 오세요?', '근처에 오시면 들러주세요'와 같은 표현이 늘어났습니다. 그에 대한 호감이 고스란히 전해지는 내용이었습니다.

반년 후 그 영업사원은 어느 부동산 회사 경영자에게 몇 년에 한 번 나올까 말까 한 귀한 물건을 소개받았습니다.

그가 다니는 회사는 그 토지에 호텔을 건설했고 국외에서 유입되는 여행객들이 늘어나면서 매수자가 바로 나타나 7천만엔의 이익을 올렸습니다.

저에게 영업사원을 지도해달라고 부탁한 사장님도 무척 기뻐했습니다. 그 영업사원은 성과를 인정받아 사장상과 파격적인 보너스까지 받았습니다.

아무리 커뮤니케이션에 서툰 사람이라도 큰 성과를 내는 '상대방을 주인공으로 만드는 대화법'의 놀라운 효과를 확신한 순간이었습니다.

인사만 잘해도 세일즈 성공 확률 100퍼센트

대기업 잡화 브랜드의 영업을 담당하고 있는 가오루 씨는 다양한 비즈니스 모임에 참석하여 인맥을 넓히는 일도 업무 중 하나입니다. 하지만 사실 그녀는 그런 모임이 '아무 의미 없다'는 생각을 지울 수 없었습니다.

그도 그럴 것이 이제껏 모임에서 명함을 교환한 사람에게 인사 메일을 보내봐도 정작 업무 성과로 연결된 적은 거의 없었기 때문입니다.

그녀의 인사 메일은 기본적으로 다음과 같은 내용이었습니다.

"안녕하세요. 어제 모임에서 인사드렸던 ○○회사 △△입니다. 말씀 나누게 되어 즐거웠습니다. 저희 회사는 싱가포르에 거점을 둔 잡화 브랜드이지만 잡화뿐만 아니라 의류 등 다양한 분야도 다루고 있습니다. 관심이 있으시면 연락 부탁드립니다."

그녀의 메일에 답장이 오는 경우는 극히 드문 데다 설령 답장이 오더라도 틀에 박힌 인사뿐이라고 합니다. 그런 그녀에게 다음과 같이 권했습니다.

"메일을 쓸 때 우선 상대의 얼굴을 떠올려보세요."

인맥을 끌어당기는 메일 쓰는 법

특히 업무적인 메일을 쓸 때 실제로 만나서 나눴던 대화를 되짚어보면 적당한 메시지가 머릿속에 떠오르는 경우가 많습니다.

가오루 씨는 모임에서 만난 I씨에게 인사 메일을 보낼 때 이 방법을 활용했습니다. I씨가 "긍정적인 사람보다 부정적인 사람이 성공하는 것 같아요"라고 말한 것에 깊은 인상을 받았던 그녀는 이 말을 곱씹으며 다음과 같은 메일을 보냈습니다.

"어제 모임에서 좋은 말씀 들려주셔서 감사했습니다. 시간 가는 줄도 모르고 흠뻑 빠져서 들었습니다. 특히 긍정적인 사람보다 부정적인 사람이 성공한다는 이야기는 늘 부정적인 생각을 더 많이 하는 저에게 큰 위로와 힘이 되었습니다. 꼭 다시 뵙고 일에 대한 사고방식에 대해 좀 더 배우고 싶습니다."

그러자 I씨에게 곧바로 답장이 왔습니다.

"근처에 오시면 사무실에 들러주세요. 더 좋은 이야기 들려드리겠습니다."

그 후 가오루 씨는 실제로 I씨의 사무실을 방문하여 영업사원으로서 필요한 마음가짐 등에 대해 더욱 자세한 이야기를 듣고 배웠습니다.

특히 컨디션이 좋지 않을 때일수록 기본(감사 메일 대충 쓰지 않기, 영업하기 힘든 손님일수록 재방문하기 등)을 철저하게 지킨다는 부분이 그녀의 마음에 깊이 와 닿았습니다. 그것을 꾸준히 실천하자 답신 확률이 높아지면서 성과가 '숫자'로도 나타나게 되었습니다.

그녀는 모임에 참가해봤자 어차피 인맥이나 성과로 이어지지 않는다고 생각했습니다. 하지만 상대 중심 대화법을 실천해보고 '자신의 커뮤니케이션 나름'이라는 사실을 깨닫게 되었다고 합니다.

순조로운 관계를 이어주는 메시지

마사시 씨는 5년째 결혼할 배우자를 찾고 있는 40대 남성입니다. 그는 직업도 안정적이고 외모도 나쁘지 않은데 무엇 때문인지 상대 여성에게 번번이 호의적인 대답을 듣지 못했습니다. 급기야 배우자를 찾는 일에 피로를 느끼고 저의 강좌를 찾아온 것이었습니다.

우선 지금까지 만난 여성들과 어떤 식으로 대화했는지 그의 이야기를 들어보았습니다.

한번은 결혼 정보 회사를 통해 만난 여성에게 이런 메시지가 왔다고 합니다.

"오늘은 일이 늦게 끝나서 만나기 힘들겠어요."

흔히 있을 법한 메시지입니다.

그렇다면 여기에 마사시 씨는 어떤 답장을 보냈을까요?

"저도 요즘 쉬는 날이 없어서 너무 지치네요. 최근에는 직원까지 줄어서 정신없이 바쁩니다."

그러자 상대 여성에게서는 더 이상 답장이 오지 않았고 결국에는 그의 메시지를 확인조차 하지 않았다고 합니다.

아마도 연애가 잘 풀리지 않는 대다수가 이와 비슷한 실수를 하고 있지 않을까요. 결혼한 남자들 중에도 이런 표현으로 배우자를 속상하게 만드는 사람이 적지 않을 것입니다.

마음을 말로 표현할 때 일어나는 일

연애가 서툰 사람, 결혼 상대를 찾는 데 어려움을 겪는 사람의 상당수가 마사시 씨처럼 '나'를 주인공으로 하는 메시지를 보냅니다. 이런 경우에는 상대가 '이 사람은 나에게 관심이 없구나'라고 느낀다고 해도 어쩔 도리가 없습니다.

마사시 씨는 그동안 자신이 주인공이 되는 메시지를 보냈다는 것, 상대방을 실망하게 하는 메시지를 보냈다는 것을 비로소 깨달았습니다.

상대 중심 대화의 의미를 알고 그 효과를 이해한 그는 용기를 내어 다시 결혼 상대 찾는 일을 시작했습니다.

그리고 결혼 정보 회사를 통해 유카 씨라는 여성을 만났고, 그녀에게 이런 메시지를 받았습니다.

"연락이 늦어서 죄송해요. 요즘 계속 야근이라 힘들었어요."

그 메시지에 그는 이렇게 답장했습니다.

"유카 씨, 매일 야근하시느라 힘드셨군요. 일을 하려면 잘 먹어야 해요. 혹시 괜찮으시면 다음에 같이 기운 나는 음식 먹으러 가요."

분명 '잘 먹어야 해요'라는 말에 유카 씨를 생각하는 마사시 씨의 마음이 오롯이 전해졌을 것입니다.

그 후 얼마 지나지 않아 마사시 씨가 "그분과 진지한 교제를 시작했습니다!"라는 연락을 보내왔습니다. 드디어 유카 씨의 마음을 사로잡았나 봅니다.

누구나 자기를 생각해주고 소중히 대해주는 사람에게 마음을 열기 마련입니다. 그 마음을 말로 표현하는 것이 바로 상대방을 주인공으로 만드는 대화법입니다.

대화를 할 때나 메시지를 주고받을 때마다 상대가 주인공이 되어야 한다는 것을 의식하면서 이야기하다 보면 상대의 기분을 먼저 생각하게 되고 상대방을 배려하는 마음이 저절로 생깁니다. 당연히 연애도 순조로워지겠죠.

마사시 씨는 원래 다정한 사람입니다. 다만 그 마음을 어떤 말로 표현하면 좋을지 몰랐을 뿐입니다. 분명 행복한 결혼 생활을 할 수 있을 거라고 믿습니다.

말 한마디로 서비스가 달라진다

마지막으로 소개할 사례는 가장 친근감이 느껴지는 이야기입니다.

어느 대기업 간부가 있습니다. 그는 업무 능력은 보통 수준이지만 인간애만큼은 누구에게도 지지 않을 만큼 차고 넘치는 사람이지요.

그가 요즘 자주 찾는 직장 근처 식당에는 여자 사장님이 음식을 만드는데, 그 맛이 일품이라서 그야말로 '한번 먹어보면 절대 잊지 못할 맛'이라고 합니다.

그런 사장님에게 딱 한 가지 아쉬운 점이 있다면 바로 붙임성이 전혀 없다는 것입니다. "이 카레 정말 맛있네요"라고 살갑게 말을 건네도 사장님은 방긋 웃어주지도 않는다고 합니다.

그는 '무뚝뚝한 식당 사장님을 웃게 하고 싶다'는 일념으로 저에게 상담을 요청했습니다.

이런저런 이야기를 잘 들어본 결과 그의 마음을 말로 표현해 보면, "이 요리를 제 아내에게도 맛보여 주고 싶네요"라고 할 수 있지 않을까 싶었습니다. 사장님의 요리가 그만큼 맛있다는 의미로 상대를 주인공으로 내세운 표현입니다.

그는 저의 조언을 듣고 바로 그 주에 일부러 한가한 시간대에 식당을 찾아갔습니다. 그는 가장 좋아하는 카레를 주문하고 두 입 정도 먹고 나서 준비한 말을 전했습니다.

"이 카레를 제 아내에게도 맛보여 주고 싶네요."

그러자 어떤 일이 벌어졌을까요? 주문하지도 않은 돈가스가 테이블에 놓였습니다. 식당 사장님이 서비스로 준 것입니다.

그는 돈가스 사진과 함께 "상대방을 주인공으로 만드는 대화법은 정말 굉장한 효과가 있네요"라는 메시지를 저에게 보내왔습니다.

그 후로도 가게를 방문할 때마다 식당 사장님은 구마모토의 가지, 돼지감자와 같은 진미를 '부인께도 맛보여 드리세요'라며 선물로 주기까지 했다고 합니다.

그러다 두 사람은 대화를 나누는 사이까지 발전했답니다. 식당 사장님은 최근에 남편이 세상을 떠난 일이며 자녀와 손자에 관한 이야기까지 허심탄회하게 털어놓는다고 하더군요.

무뚝뚝한 사람과 대화를 시작하는 법

그런데 이 드라마에는 또 하나의 큰 산이 있습니다. 한동안 계속되던 서비스도 사장님의 동기부여 에너지가 고갈되면서 끝나고 말았지요. 주문한 음식만 나오자 더없이 씁쓸해진 그는 다음과 같은 말을 준비했습니다.

재택근무가 이어지고 식당 사장님의 요리와도 소원해졌을 무렵, 간신히 시간을 만들어 식당을 찾아간 그는 사장님의 얼굴을 보자마자 이렇게 말했습니다.

"집에서 일할 때도 여기 음식이 계속 떠올라서 결국 오고야 말았습니다."

그러자 또다시 엄청난 서비스가 나왔답니다. 삼겹살 정식을 주문했더니 원래 곁들여 나오는 비지와 단무지가 여주 볶음과 닭고기 토마토 조림으로, 된장국이 뚝배기 찌개로 바뀌어 있었다는 것입니다.

그는 무척 기뻐했습니다. 이 사례를 보면서 고객이나 직장 내 커뮤니케이션을 위해 고안한 상대 중심 대화법이 일상에서

'인생의 맛'을 느끼게 해줄 수도 있음을 깨달았습니다.

이제 다음 장부터는 다른 사람에게 사랑받고 존경받는 '상대방을 주인공으로 만드는 대화법'에 대해 구체적으로 살펴보도록 하겠습니다.

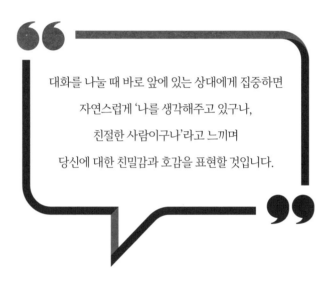

대화를 나눌 때 바로 앞에 있는 상대에게 집중하면
자연스럽게 '나를 생각해주고 있구나,
친절한 사람이구나'라고 느끼며
당신에 대한 친밀감과 호감을 표현할 것입니다.

'덕분에' '당신은요?'
'역시'

두 번째 만남이
더 기다려지는 사람
                            주인공은 아닌데
                        대화를 주도하는 사람
    '읽씹', '안읽씹'
    절대 없는 대화의 기술

나의 매력이
한층 올라가는 말

－상대의 작은 행동에도 관심 기울이기

재미있게 말하는 것보다 기억에 남게

재미있게 말하는 것보다 더 상대의 기억에 오래 남고 '또 만나고 싶다'는 생각이 들게 하는 대화법이 있습니다.

대화를 나누는 상대인 그 사람 자체를 화제로 삼아 말하는 것입니다. 이것은 화술이 뛰어나지 않아도, 내용이 재미있지 않아도 상대가 크게 만족하는 대화법입니다. 게다가 억지로 상대를 칭찬할 필요도 없습니다.

자신이 주인공인 이야기를 듣는 것은 누구에게나 유쾌한 일입니다. 험담만 아니라면 말이에요.

가장 실천하기 쉬운 방법은 평소 상대에 대해 느낀 점을 이야기하는 것입니다.

"더위를 잘 안 타시나 봐요. 전에도 한여름 내내 창고에서 일하고도 아무렇지 않으시더라고요."

"매일 도시락을 싸 오시다니, 정말 대단하세요."

"체력이 좋으시네요. 그때 댁까지 걸어가셨죠?"

대수롭지 않은 말이지만 이처럼 상대방에 대한 느낌을 말하면 당사자는 기분이 좋아져서 자연스럽게 이야기를 시작하게 됩니다.

'말 잘하는 사람'은 상대방의 행동을 유심히 관찰한다

커뮤니케이션에 능한 사람은 평소 가까운 사람의 행동이나 특징에 관심을 두고 잘 살펴봅니다. '기회가 있을 때 화제로 삼아야지' 하고 미리 준비하는 것인지도 모릅니다.

일상에서 다른 사람의 행동을 유심히 관찰해보세요. 이때는 물론 상대방의 '좋은 면'을 바라보는 자세가 중요합니다.

사실 타인을 알려면 나 자신을 먼저 알아야 합니다. 나 자신을 안다고 하는 것이 표현은 조금 거창하지만 알고 보면 그리 어려운 일이 아닙니다.

더위를 잘 탄다, 다이어트 결심이 자꾸 무너진다, 지하철에서는 가능하면 앉고 싶다, 메신저 답변은 하루가 지난 후에 보낸다, 양치질하기 귀찮아서 전자동 양치 기계가 발명되기를 손꼽아 기다린다…….

이런 사소한 것들이면 충분합니다. 자기 자신을 알면 '다른 사람은 어떨까?'라는 흥미가 생겨납니다. 이러한 흥미는 타인과의 커뮤니케이션에 커다란 도움이 되는 것이죠.

우선 가까운 사람을 잘 관찰해보고 발견한 점들을 화제로 삼아보세요.

"○○ 씨는 메시지에 바로바로 답해줘서 정말 좋아요."

이처럼 가벼운 느낌으로 시작해봐도 좋습니다.

사소한 행동을 특별하게 인정해주기

처음 만나는 사람과 이야기할 때는 일반적으로 직업이나 살고 있는 지역과 같은 무난한 화제를 고르기가 쉽습니다. 하지만 이런 이야깃거리만으로 친밀감을 얻기란 무척 어렵습니다.

그럴 때는 상대방의 사소한 행동을 포착해서 화제로 삼아봅니다. 사생활 침해 문제도 없고 상대방도 자신을 중심으로 이야기가 진행되니 당신에게 한껏 친밀감을 느끼게 될 것입니다.

가장 실천하기 쉬운 방법은 '상대의 겉모습을 잘 관찰하기'입니다.

"벌써 반소매를 입으셨군요! 역시 젊으시네요!"
"등 근육이 쭉 뻗어 있네요. 무슨 운동이라도 하셨어요?"

이처럼 상대방을 관찰하고 칭찬을 곁들이면 자연스럽게 상대방도 자신의 이야기를 시작하게 됩니다.

"처음 만나는 사람과도 금방 가까워질 수 있다니, 정말 부러워요."

이런 말이 대화의 물꼬를 터주기도 합니다.

대화가 즐거워지는 사소한 발견

자주 보는 사이라면 겉모습에서 발견한 점을 그날이 아닌 나중에, 어느 날 문득 생각난 것처럼 이야기해보세요.

상대의 행동이나 겉모습 등 당신이 발견한 부분을 시간이 조금 지난 뒤에 화제로 삼는 것입니다. 자신을 기억해준다는 사실은 누구나 기쁘게 받아들입니다. '자신이 상대에게 매우 강한 인상을 주었다'는 의미이기 때문입니다.

아주 사소한 것이라도 훌륭한 이야깃거리가 되지요.

"○○ 씨는 항상 책상 위가 깨끗하게 정리되어 있네요. 깔끔

한 성격인 것 같아요."

"○○ 씨가 있으면 늘 분위기가 화기애애해지네요."

"○○ 씨는 음식을 정말 맛있게 드시네요."

지극히 소소한 점이라도 얼마든지 대화의 계기를 마련할 수 있습니다.

이런 화제로 이야기를 시작한 경험은 누구나 한 번쯤 있을 것입니다. 하지만 이것을 의식하고 대화를 시작하는 사람은 그리 많지 않을 것입니다.

이제부터는 의식적으로 이런 방식의 대화를 시작해보세요. 상대는 자신의 작은 행동을 '따뜻하게' 봐준다고 느껴 흡족해하고, 마음의 거리는 한결 가까워질 테니 꼭 활용해보세요.

상대의 센스 있는 감각을 칭찬하라

예를 들어 물방울무늬 옷이 잘 어울리고 그런 옷을 자주 입는 동료가 있습니다. 이때는 물방울무늬 옷을 화제로 삼아서 말을 건네봅니다.

"블라우스가 너무 잘 어울리고 예뻐요. 물방울무늬를 좋아하시나 봐요?"

어쩌면 상대도 이야기를 듣고서야 처음으로 '내가 물방울무늬 옷을 자주 입는구나'라고 깨닫게 될지도 모릅니다. 그 자체로도 대화는 즐거워집니다. 상대방은 '자신을 신경 써준다'는 데에 기쁨을 느낍니다.

누군가의 물건에는 그 사람의 센스가 드러납니다. 상대방이 선택한 물건을 언급하고 긍정적으로 표현하면 상대방은 '자신의 센스를 인정받는' 셈이므로 기쁠 수밖에 없습니다.

특히 이런 화젯거리는 훗날 '아무렇지 않게' 언급할 때 더욱 더 효과적입니다. 시간이 지나서도 잊지 않는다는 것은 '상대방에 대한 애정'이 있기에 가능한 일입니다. 그런 마음은 상대방에게도 전달되기 마련입니다.

주위 사람을 칭찬하면 효과가 배가된다

바로 앞에 있는 상대가 아닌 상대방의 친구나 지인에 대한 느낌도 좋은 이야깃거리가 됩니다.

이를테면 초대를 받아 참석한 식사 모임에 품위 있고 친절한 사람들만 있었다면 초대해준 사람을 나중에 만났을 때 이런 부분을 언급합니다.

"도모 씨 주위에는 이야기를 나누기도 편하고 품위 있는 분들이 많네요. 역시 도모 씨 친구다워요."

이렇게 말하면 도모 씨도 싫어할 리 없겠지요. 여기서 그녀의 교우관계로 이야기를 넓혀간다면 더없이 유쾌한 시간을 선물할 수 있습니다.

또 상대가 선택한 가게도 좋은 화젯거리입니다. 예를 들어 알게 된 지 얼마 되지 않은 친구 고지 씨가 있습니다. 그가 데려간 가게가 비싸지 않으면서 요리가 맛있고 실내 분위기도 좋았다면 이를 화제로 삼는 것입니다.

"고지 씨가 추천한 가게는 하나같이 분위기가 좋아요. 어떤 가게를 선택하는지 보면 그 사람을 안다고 하던데, 고지 씨를 보니 그 말이 맞네요."

이렇게 말하면 가게를 선택하는 요령이나 다음에 소개하고 싶은 가게 이야기로 대화가 이어집니다. 고지 씨는 '당신을 친구로 선택하기를 잘했다'고 생각하게 되는 것입니다.

이처럼 상대방이 선택한 것에 관심을 보임으로써 풍부한 화젯거리를 발견할 수 있습니다.

감사한 마음이 2배로 전달되는 표현

골프를 하다 보면 함께 플레이하는 사람에게 아주 가끔 이런 말을 듣습니다.

"작년에 노구치 씨가 가르쳐준 퍼팅 방법이 정말 효과가 좋았습니다. 큰 도움이 되었어요. 스코어가 3타는 줄어든 것 같습니다."

이런 이야기를 들으면 그야말로 뛸 듯이 기쁩니다. 인간은 다른 사람에게 도움이 되는 존재가 되고 싶어 합니다. 자신의 역량을 인정받았다고 느끼면 자존감이 높아지기 때문입니다.

이때 핵심은 상대가 해준 일이나 가르쳐준 일에 대해 감사하는 마음을 구체적인 말로 전하는 것입니다.

"선배가 해주신 여러 가지 조언에 정말 감사합니다. 큰 도움이 되고 있어요."

이렇게 모호한 표현으로 전달하면 상대는 큰 감동을 받기 힘듭니다.

"선배가 가르쳐준 아버지 세대 고객의 마음을 사로잡는 법은 지금도 아주 잘 활용하고 있습니다. '그건 몰랐어요'라는 말이 마법의 문장이던데요."

어떤 점이 유용한지를 구체적으로 말하면 듣는 사람의 마음에는 감동의 물결이 일어날 것입니다.

상대가 가르쳐준 일이나 조언해준 일에 대해서만 '당신이 ○○을 해주어서 무척 기뻤습니다'라고 고마운 마음을 전하는 것이 아닙니다.

상대가 무언가를 만들어준 일이나 도와준 일에 관해 이야기할 때도 상대는 매우 기뻐하겠지요.

술자리에서 분위기를 돋우기 위해 준비해준 게임, 발표를 위해 준비해준 자료 등 어떤 소재라도 좋습니다.

"○○ 씨가 만들어준 △△, 너무 재밌었어요. 지금도 종종 생각나요."

"○○ 씨가 프레젠테이션 자료를 한눈에 들어오게 정리를 잘 해준 덕분에 큰 도움을 받았습니다. 잘 챙겨뒀다가 지금도 참고하고 있어요."

이렇게 말하면 상대방도 마음이 부드러워져서 이런저런 이야기를 꺼내게 됩니다.

핵심은 '구체성'과 '말하는 타이밍'

대부분은 상대가 무엇을 해준 직후에 그 부분을 화젯거리로 삼습니다. 시간이 지나서 그것을 다시 화제에 올리는 사람은 분명 드물겠지요.

아무리 사소한 일이라도 자신이 해준 일을 상대가 기억하고 있다가 한참 지난 후에도 다시 그 이야기를 꺼낸다면 당연히 기쁠 수밖에 없습니다.

상대방은 '그렇게 긴 시간 동안 내가 한 일을 마음에 담아뒀구나' 하고 마음이 따뜻해져 훨씬 긍정적으로 바라볼 것입니다.

말 한마디로 '살짝 더 좋은' 관계가 된다

가까이 있는 사람을 떠올려보세요. 늘 당신을 지탱해주는 아내와 남편에게 잊은 말은 없나요?

"늘 집안일에 신경 써줘서 고마워요", "회사 일 하느라 많이 힘들죠?"라는 이야기가 아닙니다. '나를 지켜봐 주는구나', '나를 신경 써주는구나'라고 상대가 느끼도록 표현하는 것을 말합니다.

평소 관심을 가지고 상대를 대하다 보면 대화할 때 저절로 머릿속에 구체적인 장면들이 떠오릅니다.

"카톡에서 이모티콘 사용할 때 진짜 절묘하더라. '그래유', '그런 거여' 같은 사투리 이모티콘은 항상 적절하고 귀여워."

"당신은 허리를 삐끗하고도 안 쉬고 계속 출근했잖아. 책임

감이 너무 강해서 그래. 지금은 평사원이지만 언젠가 당신은 사장이 될 거야."

이렇게 구체적인 내용을 담아서 말하면 부부간의 대화도 무르익고 서로에 대한 애정도 확인하는, 그야말로 좋은 점만 가득한 대화법입니다.

사소하지만 가슴에 콕 박히는 말

직장 동료들에게는 어떤 말을 건네면 좋을까요?

"도시락 포장한 손수건이 귀엽네요. 아내분의 애정이 느껴져요. 우리 집에는 없는 건데. 부럽습니다."

"역에서 봤는데 ○○ 부장님은 계단을 엄청 빠르게 내려가시더라고요. 두 계단씩 타타타탁 하는 느낌으로요."

"○○ 씨 사인 참 멋있네요. 언제라도 연예계에 데뷔해도 되겠는데요?"

이런 식으로 말을 걸면 상대는 "하하, 별말씀을요"라고 쑥스러워하면서도 '나를 잘 봐주고 있구나'라고 느낄 것입니다. 직장에서 잡담을 나눌 때도 야구나 축구 같은 소재 말고 상대방을 주인공으로 만드는 이야기를 하면 관계가 한결 가까워집니다.

가족이나 동료의 어떤 점을 이야기하면 좋을지 지금 바로 생각나지 않아도 괜찮습니다. 앞으로는 가까운 사람에게 더욱 관심을 가지고 적절한 타이밍에 상대의 어떤 점을 집어서 긍정적인 표현으로 'ㅇㅇ 씨는 ㅁㅁ네요'라고 말을 걸어보세요. 지금까지와는 조금 다른 대화가 시작될 것입니다. 상대가 더 사랑스럽게 느껴질 테니까요.

네가 있는 것만으로 힘이 된다는 말

'상대방 주인공 대화법'에 대해 이야기하면 꼭 받는 질문이
있습니다.

"'당신이 없으면 쓸쓸할 거예요', '당신한테 칭찬받으니 정말
기뻐요'와 같은 표현들은 말하는 사람이 주인공인 표현이 아닌
가요?"

분명 '쓸쓸함을 느끼는 것'이나 '칭찬을 받는 것'은 말하는 사
람입니다. '그렇다면 이것은 자기가 주인공이 되는 표현이 아
닐까'라는 의문이 드는 것도 당연하겠지요.

그러나 이 책에서는 상대방을 주인공으로 만드는 표현으로
정의합니다. 그렇게 말한 사람의 마음 한가운데 '상대방'이 있

기 때문입니다. 자신의 느낌을 전하는 표현이지만 상대방에 대한 느낌을 말하는 것이기 때문입니다.

'당신이 없으면 매우 쓸쓸할 것이다.

(그만큼 당신의 존재가 내게 큰 의미다.)'

'당신에게 칭찬을 들으면 기쁘다.

(그만큼 당신을 존경하기 때문이다.)'

상대방에 대한 마음이 함축된 말이기에 상대방을 주인공으로 만드는 표현이라고 할 수 있습니다.

여기서 핵심은 이런 말을 들으면 누구나 매우 기뻐한다는 점입니다. 그 말을 한 사람에게 자신이 커다란 존재라고 느끼기 때문입니다.

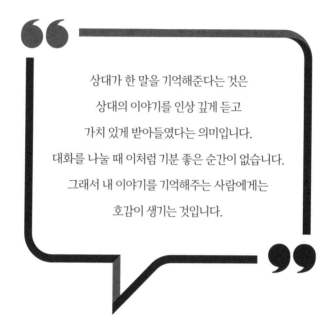

상대가 한 말을 기억해준다는 것은
상대의 이야기를 인상 깊게 듣고
가치 있게 받아들였다는 의미입니다.
대화를 나눌 때 이처럼 기분 좋은 순간이 없습니다.
그래서 내 이야기를 기억해주는 사람에게는
호감이 생기는 것입니다.

'덕분에' '당신은요?'
'역시'

두 번째 만남이
더 기다려지는 사람
주인공은 아닌데
대화를 주도하는 사람
'읽씹', '안읽씹'
절대 없는 대화의 기술

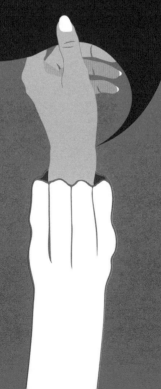

PART
03

첫 만남도 오래된 것처럼
편안한 대화

-상대에게 이야기의 주도권 넘기기

친밀감이 급상승하는 스몰토크

　많은 사람들의 대화를 관찰해보면 대부분 이야기의 주인공은 '사물'이나 '장소'입니다. 사물이나 장소에 대해 이야기한다는 것입니다.

　직장인이라면 "어떤 일을 하세요?"로 이야기를 시작할 때가 많습니다. 그러면 판에 박힌 듯 회사를 중심 소재로 대화가 진행됩니다.

　"회사는 어디인가요?", "어떤 상품을 취급하시나요?"로 이어져 "주로 어디와 거래를 하나요?" 등으로 대화가 흘러가고 거의 "경기가 안 좋으니까요" 같은 말로 이야기가 마무리됩니다.

　"어느 지역 출신이세요?"라고 묻는 것으로 시작되는 대화도 대체로 비슷합니다.

　"그 지역 특산물이 뭐죠?", "교통편은 어떤가요?", "그 지역 출신 유명인이 누구였죠?"라는 질문으로 대화가 이어집니다.

이후 "그 지역 근처에 ○○산 ○○해변에 가본 적 있어요"라는 식으로 자기 이야기가 잠시 나왔다가 결국 어색한 분위기로 대화가 끊어진 경험을 한 번쯤 해보았을 것입니다.

그런데 '사물'이나 '장소'가 주인공이 되는 대화는 왜 폭넓은 이야기로 이어가기가 어려울까요?

그 안에 상대의 에피소드가 없기 때문입니다. 말재주가 아주 뛰어난 사람이라면 능숙하게 "와, 그렇구나" 하고 감탄할 만한 에피소드를 끌어낼 수도 있겠지만 웬만한 커뮤니케이션 능력으로는 무척 힘든 일입니다.

이처럼 '사물'이나 '장소'만으로 대화를 이어가기란 생각보다 쉽지 않습니다.

첫 대화보다 더 즐거운 두 번째 대화

'첫 만남에서는 대화가 어찌어찌 이어지는데, 두 번째 만남에서는 도통 이야깃거리를 찾지 못하겠다'는 고민을 털어놓는 사람들이 많습니다.

이는 '사물'이나 '장소'가 주인공이 되는 이야기만 했을 때 필

연적으로 맞닥뜨리는 결과입니다.

처음 만났을 때 서로에 대한 정보를 전부 말해버렸기 때문에 그 외에 다른 할 말이 없어지는 것이지요.

그렇다면 상대방을 주인공으로 만드는 대화를 나눌 때는 어떨까요? 예를 들어 직장 생활과 관련된 이야기가 나온 상황입니다.

"저는 아침에 본격적인 업무에 돌입하기까지, 일종의 워밍업이 1시간 정도 걸려요. ○○ 씨는 어떠세요?"

이렇게 물어보면 자연스럽게 서로의 에피소드를 이야기하는 것으로 대화가 이어지겠지요.

상대방에게 이런 질문으로 이야깃거리를 건넴으로써 '에너지가 떨어지는 시간대', '의욕 있어 보이는 연기' 등에 대해 주고받으면서 서로의 성격까지 파악할 수 있고 흥미로운 대화가 펼쳐집니다.

게다가 일하면서 겪은 에피소드를 이야기하다 보면 다양한 인물이 등장하기 마련이므로 더 풍부한 대화를 나눌 수 있습니다. 결국은 친밀감이 생기는 장점이 있는 것입니다.

대화를 통해 친밀감이 형성되면 다음에 만났을 때는 더 깊은 감정을 나눌 수 있으므로 대화가 더욱 풍성해집니다.

처음 만난 사람이라면 '사물'이나 '장소'에 관한 이야기로 시작해도 괜찮습니다. 초면에는 우선 자기 이야기를 짧게 넣는 것도 필요합니다. 그러다 대화가 어느 정도 진행되면 상대의 반응을 살피면서 상대방을 주인공으로 만드는 대화를 이어갑니다.

물건 이야기가 아닌 사람 이야기

'상대방을 이야기의 주인공으로 만드는 것은 아무래도 어려울 것 같다'고 생각하는 사람들이 꽤 많을 것입니다.

하지만 걱정할 필요 없습니다. 이제부터 전해드릴 포인트를 평소에 의식적으로 꾸준히 실천하다 보면 자연스럽게 대화가 상대방 중심으로 전환됩니다.

다른 사람과 커뮤니케이션할 때의 포인트는 바로 '상대를 생각하기'입니다.

대화를 나누는 상대를 눈뿐만 아니라 자신의 마음에도 담는 것입니다. 대화의 주인공이 누구인지를 의식하기만 해도 당신의 대화는 크게 달라집니다.

더불어 지금까지 '사물'이나 '자신'이 주인공인 대화만 했음을 깨닫게 될 것입니다.

마음 한가운데 나 자신이 아니라 상대방을 비춰보는 것입니다. 이것이 가능해지면 마음이 넓어지고 포용력이 생긴 자신을, 인간적으로 한 단계 성숙해진 자신을 발견하게 됩니다.

그저 '상대방을 생각'하면 되는 것이므로 누구나 부담 없이 실천해볼 수 있습니다. 실제로 해보면 분명 대화가 즐거워질 것입니다.

'차'보다 '차를 타는 사람'에 대해 이야기한다

SNS에서 메시지를 보낼 때도 마찬가지입니다. 글을 쓰기 전에 우선 상대방을 생각해보세요.

곧바로 좋은 말이 생각나지 않아도 괜찮습니다. 일단은 자기 마음속에 상대를 떠올려봤다는 데 의미가 있습니다. 그러고 나서 '사물'이 주인공이 되는 이야기를 하게 되어도 걱정할 필요 없습니다.

머지않아 분명 상대방을 주인공으로 만드는 이야기를 하게 될 테니까요.

처음에는 그리 어렵게 생각하지 않아도 됩니다.

"차 샀어"라는 말을 들었을 때 '차' 자체가 아니라 '차에 탄 사람'을 떠올리면서 이야기를 건넬 수 있으면 됩니다.

"우와, 새 차 타면 훨씬 편하겠네."
"어디 드라이브 다녀왔어?"

이런 말 한마디로도 상대의 표정은 확 밝아집니다. 그 순간
을 놓치지 마세요.

1초의 침묵도 끼어들지 않는 대화법

사람들과 원격으로 대화할 일이 많아지면서 한 가지 깨달은 점이 있습니다. 대화가 한창 무르익었을 때는 '서로 얼굴을 보며' 말한다는 것입니다.

대화가 잘 풀리지 않을 때는 대부분의 시선이 대각선 아래를 향하고 이리저리 눈동자를 움직이며 다음 화젯거리를 찾습니다.

인간은 뇌의 어느 부분이 활성화되는지에 따라 시선의 방향이 달라집니다. 특히 시선이 왼쪽 아래로 향할 때는 논리적 사고를 관장하는 부분을 사용하고 있다고 합니다.

논리적 사고를 할 때는 자연스럽게 이야기의 주인공이 '사물'이 됩니다. 그렇게 되면 5W1H(언제, 어디서, 누가, 무엇을, 왜, 어떻게)라는 질문의 틀을 벗어나지 못합니다.

예를 들어 상대방이 디저트를 좋아한다는 이야기가 나왔을 때 바로 "어떤 디저트를 좋아하세요?", "일주일에 몇 번 정도 먹나요?", "주로 어디에서 사서 드세요?" 같은 질문을 건네기 쉽습니다.

이러한 질문에는 '마카롱', '주 2~3회', '편의점'처럼 간단한 몇 마디 대답만 돌아올 가능성이 크므로 대화가 이어지기는커녕 어색하게 끊어지고 맙니다.

상대를 바라보면 할 말이 저절로 떠오른다

다음 할 말이 곧바로 생각나지 않아 초조해질 때도 있습니다. 이때는 애정을 담아 상대방의 얼굴을 바라봅니다. 처음에는 어색하겠지만 계속 연습해보세요.

얼굴을 바라보고 있으면 머릿속에 장면이 펼쳐지고 그 안에서 상대가 저절로 움직이기 시작합니다.

제 강의를 들은 한 회사원은 직장 동료와 대화하던 중에 '디저트를 좋아하는 상대방'의 얼굴을 보고 있었더니 '동료가 자석에 이끌리듯 편의점 디저트 코너로 향하는 광경'이 눈앞에 펼쳐졌다고 합니다.

그래서 "그럼 편의점에 가면 맨 먼저 디저트 코너부터 가겠네요"라고 하자, 동료가 "맞아요!"라고 대답하면서 대화가 자연스럽게 이어졌다며 기뻐했습니다.

대화를 나눌 때 바로 앞에 있는 사람을 바라보며 집중하면 상대방은 자연스럽게 '나를 생각해주고 있구나, 친절한 사람이구나'라고 느끼며 당신에 대한 친밀감과 호감을 표현할 것입니다. 금세 다시 당신을 만나고 싶어 할 거예요.

하지만 상대방을 뚫어지게 응시하는 방식은 오히려 역효과를 불러일으킵니다. 상대가 부담을 느낄 수 있기 때문입니다. 이럴 때는 부담스럽지 않도록 가끔 시선을 돌렸다가 다시 상대방을 바라봅니다.

대화에도 상상력이 필요하다

상대방이 '디저트를 좋아한다'고 했을 때 "그럼 편의점에 가면 맨 먼저 디저트 코너부터 가겠네요"라는 말이 떠오르려면 평소에 아주 조금 상상력 훈련을 해둘 필요가 있습니다.

대화에 서툰 사람은 보통 '다음에 무슨 말을 할까?'라는 생각에 사로잡혀 상상력을 발휘할 마음의 여유가 없습니다.

이런 현상이 나타나는 것은 어쩌면 지금까지 우리가 받아온 교육과 연관이 있을지도 모릅니다. 줄곧 '정해진 답'을 빨리 찾아내고 '논리적인 것'을 중심으로 교육을 받아왔으니까요.

다른 사람과 대화를 나눌 때도 '언제', '어디서', '누구와', '무엇을'이라는 생각의 틀을 벗어나지 못하는 이유는 아무래도 이런 교육의 영향이 아닐까 생각합니다.

상식에 얽매이지 않아도 된다

상상력은 자유로운 발상으로 그 자리를 즐기는 데서 비롯됩니다. 그런데 '재치 있는 말을 해야 한다', '대화가 무르익을 만한 질문을 던져야 한다'는 강박관념이 끼어들기 시작하면 자유롭게 상상의 나래를 펼칠 수 없습니다.

다른 사람과 이야기를 나눌 때는 최대한 힘을 빼고 편안한 마음으로 상상해보세요.

'이럴 때 이 사람은 이렇게 하지 않을까?' 하고 마음 가는 대로 자유롭게 이미지를 그려보는 것이 중요합니다.

디저트를 좋아하는 사람이 평소 어떤 생각을 하고, 어떤 말을 하고, 무엇을 할까 상상해보세요. 상식에 얽매이지 말고 떠오르는 대로 상상을 펼쳐봅니다.

'케이크나 파르페에 기꺼이 거금을 낸다.'
'동네마다 유명한 디저트 가게를 꿰고 있다.'
'밥을 먹고 나서 커피에 빵이나 케이크를 꼭 챙겨 먹는다.'

이렇게 생각해볼 수 있습니다. 바로 이런 것들을 가지고 상대방에게 질문해보는 것입니다. 그러면 생각지도 못한 에피소드들이 쏟아져 나올지도 모릅니다. 물론 '살찔 걱정은 안 하나요?'처럼 실례되는 질문은 삼갑니다.

이 밖에도 다양한 상황을 떠올려보고 마음 가는 대로 상상해보세요. 의외로 꽤 재미있답니다.

'추위(더위)에 약한 사람이 겨울(여름)에 할 법한 일들'

'내일 인생 첫 데이트를 앞둔 남자가 할 법한 행동'

생각의 틀을 깨고 당신의 상상력을 마음껏 발휘해보세요.

엉뚱한 상상으로 분위기를 전환한다

상대에 대해 상상한 것을 이야기했을 때 장점은 상대방의 실제 모습과 달라도 상관없다는 것입니다.

"밥을 먹고 나서 커피에 빵이나 케이크를 꼭 챙겨 먹지 않나요?"라는 이야기에 상대방이 "그렇지는 않아요"라고 답해도 전혀 문제되지 않습니다.

상상력을 발휘해서 던진 질문은 어디까지나 대화를 시작하는 소재일 뿐이므로 실제 상대방의 상황과 달라도 괜찮습니다. 오히려 예상치 못한 에피소드로 이야기가 발전할 가능성도 있습니다. "바닐라 아이스크림에 올리브오일과 소금, 후춧가루를 뿌려 먹으면 맛있대요"라는 식으로 말이에요.

엉뚱한 상상이 불러낸 흥미로운 에피소드를 접하면서 '세상에는 정말 다양한 사람이 있구나' 하고 깜짝 놀라게 될지도 모릅니다.

3D를 넘어 4D 대화법

뇌과학 측면에서 볼 때 뇌에서 언어를 관장하는 영역이 꽤 작다고 합니다. 게다가 오감이나 감정과 관련된 영역과는 연결되어 있지 않다고 하는군요.

이런 점으로 볼 때 늘 다음 할 말을 찾지 못해 대화가 끊기는 사람은 언어 능력만을 발휘하려 애쓰느라 상상의 여지가 부족하기 때문인지도 모릅니다.

이와 반대로 오감을 담당하는 영역은 무척 넓고 서로 긴밀하게 연결되어 있습니다.

어떤 곡을 듣거나 특정 향을 맡으면 그것과 관련된 추억이 문득 떠오를 때가 있습니다. 일상생활에서 종종 경험할 수 있는 일이지요.

다른 사람과 이야기를 나눌 때도 영상, 소리, 맛, 향, 촉감처럼 오감을 자극하는 상상을 하면 이미지가 한층 풍성해집니다.

상대가 '차를 샀다'거나 '집을 샀다'고 하면 이렇게 말해보세요.

"새 차 냄새 좋잖아요."
"새집 특유의 냄새가 있지요."

상대방의 오감도 자극받아 이야기가 자연스럽게 상대방 중심으로 전개됩니다. 5W1H 질문과 비교할 수 없을 만큼 대화가 점점 흥미롭게 흘러가겠지요.

상대방이 '프랑스 요리를 먹었다'고 한다면 다음과 같이 말해봅니다.

"프랑스 요리는 냄새부터 다르죠."
"프랑스 레스토랑은 배경음악도 어쩐지 고급스러워요."
"프랑스 요리는 평소에는 못 느끼는 미각을 자극하는 것 같아요."

상대의 오감을 자극하는 말을 건네면 대화가 즐거워집니다. 상대방의 머릿속에도 순간적으로 이미지가 떠올라 자연스럽게

"맞아요. 그래서……"라며 자신의 이야기를 시작할 수 있기 때문이죠.

오감이 즐거운 대화의 기술

"실연했을 때는 머릿속에 온통 감상적인 노래만 맴돌지."
"무서운 상사가 내 쪽으로 다가올 때는 저절로 다스베이더 테마 음악이 깔린다니까."

이처럼 대화를 흥미롭게 이끌어가는 사람은 듣는 사람이 생생한 이미지를 떠올릴 수 있도록 오감을 자극하는 표현으로 말합니다.
"그럴 때는 머릿속에 어떤 음악이 흘러?"라고 질문하면 상대방은 재미난 이야기를 풀어낼 것입니다.

"카펫도 폭신폭신하죠."
"의자도 앉았을 때 느낌이 다르잖아요."

이처럼 촉감을 자극하는 말을 해봐도 좋을 것입니다.

"습도가 높아서 피부가 끈적거리네요."
"옷 갈아입을 때 셔츠가 몸에 착 달라붙는 느낌이에요."

더위나 추위에 대한 이야기를 꺼낼 때도 이렇게 말하면 상대방과 이미지를 공유할 수 있습니다.
그 밖에 색깔을 상상해봐도 좋겠습니다.

"혼자 지낼 때보다 집에 색깔이 늘지 않았어?"

결혼한 지 얼마 안 된 사람에게 이렇게 물어보면 커튼이나 테이블보, 옷 등의 색이 다채로워졌다는 대답이 돌아올지도 모릅니다. 물론 "둘이 사니까 먹는 음식도 조금 달라졌겠다"고 물어볼 수도 있습니다.
대화가 잘 이어지지 않는다고 느낀다면 이제부터 적극적으로 오감을 자극하는 표현을 활용해보세요. 분명 지금까지와는 전혀 다른 식으로 대화가 전개될 것입니다.

상대가 원하는 질문을 하라

'상대방을 주인공으로 만드는 대화'를 하려면 꼭 기억해야 할 것이 있습니다. 바로 '상대방의 기분'입니다. 어떤 화제로 이야기하든 '상대가 어떤 기분일지 상상해보는 것'을 잊어서는 안 됩니다.

"차 샀어"라는 말을 들었다면 상대방의 입장에서 어떤 기분일지 상상해봅니다.

대부분의 사람들에게 차를 산다는 것은 꽤 큰일입니다. 큰돈이 들어가는 일인 만큼 나중에 후회하지 않으려면 어떤 차를 사야 할지 좀처럼 결정하기가 어렵습니다. 이런 점을 간파해서 "어떤 차를 살지 결정하기까지 많이 고민했겠구나" 하고 상대방의 마음을 헤아려보는 센스를 발휘해보세요.

인터넷에서 정보와 가격을 검색해보고 딜러를 만나고 주위 사람들에게 조언을 구했을지도 모릅니다. 여러 가지 상황을 자유롭게 상상해보면 자연스럽게 질문도 떠오를 것입니다.

"차 고를 때 정말 고민 많았겠다."
"이 차로 정한 결정적인 이유는 뭐야?"

사람은 누군가 자기 마음에 다가왔다고 느끼면 갑자기 이미지가 부풀어 올라 할 말이 쏟아져 나오기 마련입니다. 상대방의 관점에서 상상해보면 놀라운 효과가 나타날 테니 꼭 시도해보시기 바랍니다.

'네가 그렇게 물어보길 기다렸어'

대화를 이어가기에 좋은 질문 하나를 소개하겠습니다.

"어떤 키워드로 검색했어?"

이것은 차뿐만 아니라 디저트, 여행 등 다양한 화제에 활용 가능할 뿐 아니라 상대방의 개성이나 취향까지 파악할 수 있는 매우 유용한 질문입니다. 인터넷으로 검색하고 무언가를 구매했거나 어딘가에 다녀왔다는 이야기를 들었을 때 꼭 한번 활용해보시기 바랍니다.

이어서 '기쁘다'는 키워드로 상상해봅니다. "차 샀어"라는 말을 들었다면 차를 샀을 때 너무 기분이 좋아서 무심코 하게 될 법한 일들을 상상해보는 것입니다.

걸어서도 갈 수 있는 편의점에 차를 타고 가고, 차를 몰고 집 주변을 빙글빙글 둘러보고, 휴대폰으로 차 사진을 찍어서 SNS에 올리고, 굳이 집 앞에서 차를 닦으며 이웃 사람들이 알아봐주기를 바라고, 가족과 어디로 드라이브를 떠날지 계획을 세우고, 틈만 나면 자동차 용품점에 들르고⋯⋯.

이런 이미지가 하나라도 떠올랐다면 대화에서 아주 센스 넘치는 사람이 될 것입니다.

'기쁘다'는 상대방의 기분을 상상하면서 떠올린 이미지를 바탕으로 질문을 해봅니다.

"사진 많이 찍었죠?"
"SNS에 올렸어요?"
"지인들이 뭐래요?"

"맨 먼저 어디 다녀왔어요?"

이 질문을 들은 상대는 자기 이야기를 죽 이어나갈 수 있습니다.

너무 멋진 질문을 하려고 애쓰지 않아도 됩니다. 어떤 질문이든 상대방은 흔쾌히 이야기를 들려줄 테니까요. 그 이야기 속에는 반드시 상대방이 말하고 싶어 하는 경험, 화젯거리가 들어 있기 때문입니다.

수다를 떨어도 재미없는 사람의 특징

상대방이 관심 있는 분야나 재미있는 이야기라면 내가 이야기의 주인공이 되어도 상대방이 즐겁게 대화에 참여할 수 있습니다.

다만 대화 중 그저 갑자기 생각났다거나 상대방이 꺼낸 화제에 대해 내가 잘 안다고 해서 '주인공의 자리'를 독점하는 대화 방식은 인간관계에 부정적인 영향을 미칩니다.

이런 사람은 대화를 나눌 때 자기 마음속에 타인을 두지 못합니다. 자기 자신에 대한 생각이 넘쳐서 다른 사람을 생각할 여유가 없습니다. 이야기하다 보면 어느새 '내'가 대화의 중심이 되고 마는 것입니다.

"난 늘 작심삼일이야. 헬스장에 등록하고 세 번밖에 못 갔어"라고 상대가 이야기하면, "헬스장에 가지 않아도 운동은 할 수

있어. 난 집에 덤벨을 두고 주 3회 근력운동을 해"라고 자연스
럽게 자기 이야기를 꺼냅니다.

여기서 그치면 그나마 다행이지만, 일단 '내 이야기'를 하기
시작하면, 상대방의 존재는 새까맣게 잊어버린 듯 자기 이야기
만 이어갑니다.

그러다 급기야 "근육이 1kg 붙으면 기초대사량이 13칼로리
높아지거든" 하고 자잘한 지식을 뽐내기에 이릅니다.

상대방은 이야기를 들어주기도 하고 맞장구도 쳐주겠지만,
이런 사람과 다시 만나고 싶으냐고 물어본다면 곧바로 고개를
저을 것입니다. 부하직원은 따르지 않고 친구도 하나둘 곁을
떠나가겠죠. 가족들도 대화를 나누려고 하지 않아 점점 외로워
질 것입니다.

만남이 공허해지는 대화 유형

'당신 마음에 나는 없군요'라고 느낄 때 사람은 쓸쓸해집니
다. 대화를 나누는 중에 이런 쓸쓸함을 느꼈을 때야말로 갑자
기 흥이 떨어집니다.

상대방을 바라보면서 이야기를 나누면 상대의 얼굴에 표정

이 사라지고 맞장구가 단조로워지면서 질문이 없어지는 순간을 금방 알아채게 됩니다.

한 번 만난 사람에게 좀처럼 다시 만나자는 제안을 받지 못하거나 집에서 가족들에게 무슨 말을 꺼냈는데 하나둘 자리를 뜬다면 상대방을 쓸쓸하게 만드는 유형일 확률이 높습니다.

당신의 마음에 상대방을 넣어주세요.
바로 앞에 있는 사람에게 관심을 가져주세요.

상대방을 마음에 담고 대화를 나누다 보면 서로의 마음과 마음이 이어져 상대방은 당신의 말에 귀 기울이게 됩니다. 그러면 당신은 대화 상대가 없어서 외롭고 쓸쓸한 시간을 보내지 않을 것입니다.

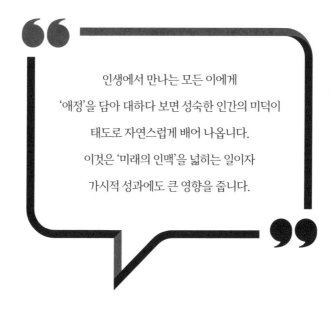

인생에서 만나는 모든 이에게
'애정'을 담아 대하다 보면 성숙한 인간의 미덕이
태도로 자연스럽게 배어 나옵니다.
이것은 '미래의 인맥'을 넓히는 일이자
가시적 성과에도 큰 영향을 줍니다.

'덕분에' '당신은요?'
'역시'

두 번째 만남이
더 기다려지는 사람

주인공은 아닌데
대화를 주도하는 사람

'읽씹', '안읽씹'
절대 없는 대화의 기술

PART
04

또 만나고 싶어지는
사람의 말습관

– 상대가 기다리던 질문 던지기

이름 한 번 불러줬을 뿐인데 호감 급상승

꽤 오래전의 일입니다. 등 뒤에서 "노구치 씨!" 하고 저를 부르는 목소리가 들려왔습니다. 그는 바로 일주일 전쯤 업무상 한 번 만난 적 있는 분이었습니다. 그 순간 딱 한 번 만났을 뿐인데 '참 괜찮은 사람'이라는 느낌을 받았습니다.

이름은 매우 중요한 의미를 지닙니다. 다른 사람의 이름을 소중히 대할 줄 아는 사람에게는 자연스럽게 호감이 갑니다.

업무적인 협상을 하는 자리에서도 상대방을 '사장님'이라고 직함만 부르기 쉬운데, '노구치 사장님'이라고 이름을 붙여서 불러보세요. 상대방은 한결 친밀감을 느낄 것입니다.

데이트할 때도 상대방이 먼저 와서 기다리고 있었다면 "오래 기다렸죠?"라고 하기보다 "○○ 씨, 오래 기다렸죠?"라고 이름을 부르면 애정은 더욱 커집니다.

부서 이동이나 이직으로 새로운 동료를 만났을 때 또는 신입 사원으로 입사했을 때 가장 먼저 주위 사람의 이름을 수첩에 적어서라도 첫날에 전부 외워둡니다. 그리고 "○○ 씨, 안녕하세요"라고 이름을 넣어서 인사해보세요.

상대방의 이름을 불러준다는 것은 '당신은 내게 매우 가치 있는 사람입니다'라는 메시지를 전한다는 의미입니다.

상대방 이름이 생각나지 않을 때

저는 강의를 진행할 때 최대한 사람들의 이름을 부르려고 노력합니다. 젊었을 때는 20명 남짓 되는 이름을 금세 외웠습니다. 지금은 기억력이 예전 같지 않아서 이름을 외우기 위해 남몰래 노력한답니다.

우선 '그 사람에게 이름은 매우 소중한 것'임을 인식합니다. '누구나 이름을 불리면 기뻐한다'는 점을 늘 명심해야 합니다.

그리고 상대방의 얼굴을 보면서 이름이 떠오르는지 확인합니다. 이름이 생각나지 않으면 여러 번 '이 사람은 ○○ 씨' 하고 마음속으로 되뇝니다.

그래도 잘 외워지지 않을 때는 연예인이나 스포츠 선수처럼

익숙한 이름과 연관 지어서 기억합니다. '이 사람을 보면 A 야
구팀 ○○ 선수를 떠올리자'라고 생각하는 것입니다.

그렇게 해도 도무지 외워지지 않는 이름이 있습니다. 그때는
그 이름을 소리 내어 여러 번 불러보면서 머릿속에 입력해둡
니다.

오랜만에 누군가를 만났는데 도통 이름이 기억나지 않는 경
험을 해보았을 것입니다. 상대방은 나를 보고 웃으며 반가워합
니다. 가능하면 이름을 부르며 인사하고 싶은데 상대의 이름이
도무지 떠오르지 않습니다.

이런 위기의 순간에 유용한 방법이 있습니다.

"오랜만에 뵙네요. 노구치입니다"라고 내가 먼저 이름을 말
하며 인사하는 것입니다. 그러면 상대방도 자신의 이름을 말할
가능성이 매우 큽니다.

그런데 아쉽게도 상대방이 자기 이름을 말하지 않을 때는
"오랜만이에요!"라고 감격스러운 표정을 지으면서 곧바로 "성
함이 어떻게 되시죠?"라고 물어봅니다.

당신이 웃는 얼굴로 감격스러운 반응을 보이면 이름을 물어
보는 것 정도는 가볍게 넘어갈 수도 있을 것입니다.

사소한 기억으로 존재감을 높여준다

"○○ 씨, 구마모토 출신이시죠?"

"네, 기억하고 계셨군요!"

그 사람이 예전에 했던 말을 기억하고 있다가 시간이 지났을 때 화제로 삼은 적이 있을 것입니다. 그럴 때 대화가 자연스럽게 시작되어서 매끄럽게 흘러가지 않았나요?

자기가 한 말을 기억해준다는 것은 자기 이야기를 인상 깊게 듣고 가치 있게 받아들였다는 의미입니다.

대화를 나눌 때 이처럼 기분 좋은 순간이 없습니다. 그래서 내 이야기를 기억해주는 사람에게는 호감이 생기는 것입니다.

자신에게 중요한 사람이 하는 말은 특히 잘 기억해두세요. 사소한 기억 하나만으로도 상대방의 마음을 사로잡을 수 있습니다.

예약이 끊이지 않는 마법의 진료기록부

제 강의를 듣는 사람 중에 침술원을 운영하는 원장님이 경험한 이야기가 있습니다. 그 원장님은 한 침술사가 진료기록부에 주로 환자들과 나눈 대화 내용을 가득 적어두고 정작 치료에 관한 내용은 한 귀퉁이에 작게 써놓아서 불안했다고 합니다. 환자의 상태나 치료 진행 상황이 최우선인데, 그 부분을 소홀히 하고 있는 듯했던 것입니다.

하지만 환자의 재방문율이 원내에서 가장 높은 침술사이기에 일단 지켜보았다고 합니다. 그러다 제 강의를 듣고 왜 그 침술사가 환자의 재방문율이 높은지 알게 되었다는 것입니다. 환자와 나눈 대화를 진료기록부에 적어두었다가 다시 방문했을 때 그 내용을 활용해 이야기를 나눴다더군요.

"그러고 보니 지난번에 곧 은혼식이라고 하셨죠? 축하 많이 받으셨겠네요."

"남편분과 둘이 연극을 자주 보러 다니신다고요. 연극 참 매력 있죠?"

침술사가 이렇게 관심을 표현하면 환자는 자신이 매우 중요한 사람이라고 느낍니다. 재방문율이 높을 수밖에 없는 것입니다.

예전에 상대방이 했던 말을 자연스럽게 화제에 올려보세요. 영업, 협상, 연애 등 어떤 상황에서든 상대방을 기분 좋게 만드는 마법이 펼쳐질 것입니다.

뜻밖의 관심이 뜻밖의 감동을 준다

본래 인간이란 자신을 가장 소중한 존재로 여기기 때문에 타인에게 별 관심을 두지 않습니다. 말하자면 '남 일이야 어찌 되든 상관없다'는 것이 인간의 솔직한 마음이라고 할 수 있습니다. 특히 대부분의 사람들은 자신이 별로 관심 없는 분야의 이야기는 귀 기울여 듣지 않기 때문에 제대로 기억하지 못합니다.

하지만 금방 다시 만나고 싶은 사람, 남의 마음을 사로잡는 사람은 다릅니다. 그런 사람은 대화를 나눌 때 '상대방이 얼마나 애정을 가지고 이야기하는지'에 초점을 맞춰서 듣습니다. 자신이 관심을 가지는 분야인지 아닌지는 그다음 문제인 것입니다.

특정 화제에 대해 상대방이 얼마나 애정을 가지고 이야기하는지를 파악할 수 있는 핵심 포인트가 있습니다.

- 말할 때 눈이 반짝거리고 목소리 톤이 높아진다.
- 그 이야기에 할애하는 시간이 길어지고 같은 이야기가 여러 번 나온다.

이 같은 모습이 보인다면 상대방이 '강한 애정'을 가지고 이야기하는 것이라고 판단할 수 있습니다. 그러므로 이런 이야기는 반드시 잘 기억해두시기 바랍니다.

'기억하고 있었구나!'라고 생각될 때

예를 들어 상대가 "데뷔한 지 얼마 안 된 개그 콤비의 공연을 보러 갈 거야"라고 말했습니다. 그 개그 콤비는 아직 텔레비전에도 나오지 않고 상을 받은 적도 없습니다. 상대방은 열심히 응원하는 듯하지만 이름도 처음 들어보는 사람입니다. 공연이라고 해도 관객은 20명 정도인 데다 당신은 코미디에 그다지 관심이 없습니다.

이럴 때 대부분의 사람들은 '그 자리에서만 나누는 이야기'로 여깁니다. 그 사람을 다시 만났을 때 그 화제를 꺼낼 생각을 하지 않습니다.

그렇다면 호감을 얻는 사람, 대화 상대의 마음을 사로잡는 매력을 지닌 사람은 어떻게 할까요? 상대방이 말하는 모습에서 얼마나 열정적인지를 알아내고 다음에 만났을 때 이렇게 묻습니다.

"○○ 공연 잘 다녀왔어?"

그 순간 상대방의 마음에는 불이 붙습니다. "응! 잘 다녀왔지", "엄청 재밌었어", "얼마나 웃었는지 몰라" 하고 한껏 신이 나서 이야기를 쏟아냅니다. 이렇게 되면 상대방은 이미 매력적인 당신에게 마음을 빼앗긴 상태이겠지요.

'그때 그 이야기'를 잊지 않는 방법

다른 사람이 하는 말을 오래 기억하고 싶다면 이야기를 들을 때 약간의 상상력을 발휘해보세요.

그저 '개그 콤비의 공연을 보러 간다'고 머릿속에 입력하는 것이 아닙니다. 먼저 상대방의 말을 들으면서 머릿속으로 이미지를 그려봅니다. 이때 '개그 콤비'가 아닌 상대방에게 초점을 두어야 합니다. 잔뜩 들떠서 공연장을 가고, 가슴 두근거리며 공연이 시작되기를 기다리고, 웃는 얼굴로 박수를 치며 개그 콤비를 응원하는 '상대방'의 모습을 그려보는 것입니다.

이야기하는 상대방의 모습을 상상하면서 듣다 보면 감정 이입이 되어 공감이 생기고 '언어 정보'가 아니라 '영상 정보'로 머릿속에 입력됩니다. 영상은 감정을 불러일으키므로 더욱 인상 깊게 각인되는 것입니다.

이제부터 중요한 사람이 이야기할 때는 가능한 머릿속에 영상을 그리면서 들어보시기 바랍니다. 그리고 인상 깊었던 부분을 다음번 만남에서 화제로 꺼내보는 것입니다.

"○○에 잘 다녀왔어? 어땠어? 재밌었어?"

이렇게 말하면 상대는 생각지도 않은 당신의 관심에 뜻밖의 감동을 받을 것입니다.

사사로운 수고를 알아줄 때

패밀리 레스토랑에서 즐거운 듯 이야기를 나누는 엄마들의 모임을 우연히 지켜보게 되었습니다. 뭔가 눈에 띄는 광경이 제 눈에 포착된 것입니다. 다른 사람의 이야기를 열심히 듣는 사람이 있는가 하면 그저 듣는 척만 하는 사람도 있었습니다.

그런데 듣는 척만 하는 사람은 '아예 관심 없다'는 태도라기보다 이야기의 주도권을 빼앗을 기회를 호시탐탐 노리면서 남의 말을 듣고 있는 듯했습니다.

다른 사람들을 만나서 대화를 나누는 시간은 말을 함으로써 스트레스를 해소할 수 있는 자리이기도 합니다. 그래서 자기 이야기를 마음껏 하고 싶은 것도 당연한 마음입니다.

다만 그런 자리에서도 '당신은 내게 소중한 사람입니다'라는 마음이 전해지는 방식으로 대화할 수 있다면 상대와의 관계가 더욱 좋아진다는 점을 염두에 두세요.

단숨에 매력이 터지는 사소한 한마디

누구에게나 소소한 즐거움, 사사로운 수고가 있기 마련입니다. 또래 자녀를 둔 엄마들 모임에서는 이런 화제가 자주 등장합니다. 이때 상대방이 말한 사소한 내용을 다음에 만났을 때까지 기억하고 있는 사람은 무척 드물겠지요.

예를 들어 누군가가 "수요일 오후에만 남편이 집에 있어서 아이를 맡기고 자유 시간을 가질 수 있어요"라는 말을 했다면 다음에 만났을 때는 이렇게 이야기를 건네보는 것입니다.

"내일은 수요일이라 자유롭게 하고 싶은 거 할 수 있겠네요."

이 말을 들은 상대는 "우와! 그걸 기억하고 있는 거예요?"라고 감격할지도 모릅니다.

"시어머니가 택시를 불러달라고 하셔서 차를 부르고 별 생각 없이 '돌아가실 차가 왔습니다' 하고 말했는데, 시어머니 눈이 치켜올라 가서 깜짝 놀랐어요"라는 이야기를 들었다면 다음에 만났을 때 이렇게 말합니다.

"어머님 화는 다 풀리셨어요? 저도 걱정되더라고요."

그러면 상대방은 눈을 반짝이며 기꺼이 후일담을 들려주어 대화가 더욱 풍성해질 것입니다.

어린 자녀를 둔 엄마라면 누구와 대화하든 자연스럽게 남편이나 아이에 관한 이야기를 하기 마련입니다. 씁쓸하지만 자신이 주인공이 되는 이야기를 할 기회가 아무래도 적습니다. 그런 만큼 자기가 한 말을 기억해주고 자기 이야기를 할 기회를 주는 사람에게 마음이 가는 것입니다.

상대방의 사소한 기쁨과 수고를 잘 기억해두었다가 다음번에 물어봐 주세요. 단숨에 상대방에게 '매력적인 존재'가 될 수 있습니다.

그러면 상대도 당신의 이야기를 더욱 친밀하게 들어줄 것입니다. 그렇게 서로의 이야기에 귀를 기울이다 보면 서로 좋은 친구가 될 것입니다.

상대가 가장 중요하게 생각하는 것

얼마 전에 '상대방을 주인공으로 만드는 대화법'이 얼마나 중요한지를 직접 피부로 느낀 일이 있었습니다.

저는 증권회사와 작은 거래를 하고 있는데, 최근에 담당자가 바뀌어 인수인계를 위해 새로운 담당자와 인사를 나눴습니다. 초일류 증권사에 다니는 그는 어느 정도 지위에 있었고 말주변도 뛰어났습니다. 대화를 나누는 중에 자부심과 더불어 자신감이 자연스럽게 전해졌습니다.

나는 인수인계를 하는 자리에서 이렇게 말했습니다.

"한 달 후에 저의 신간이 나옵니다. 대화법 책이니 영업직에 계신 분들이 보면 아주 유용할 거예요. 그 책이 잘 팔리면 또 다른 주식을 살지도 모르겠네요."

마침 새 책이 나왔을 무렵 그 담당자에게 전화가 왔습니다.

'이익이 날 만한 투자 건이 있다'고 하면서요. 그런데 지난번 언급한 제 책에 대해서는 아무런 얘기가 없었습니다. 저는 만날 약속도 잡지 않고 그의 제안을 거절했습니다.

상대의 마음에 초점을 맞춰라

그가 전화로 업무 이야기를 하기 전에 "새 책 나왔죠? 판매는 잘되고 있나요?"라고 말해주었다면 약속 정도는 잡았을 것입니다. 책에 대해 언급한 것만으로도 분명 기분이 좋았을 테니까요.

더 나아가 "서점에서 노구치 씨 책을 봤습니다. 좋은 자리에 진열되어 있던데요"라는 말이라도 해주었다면 꼭 지금이 아니더라도 적절한 시점에 뭔가 다른 주식을 사고자 마음먹지 않았을까 싶습니다.

한 발 더 나아가 "책을 샀는데, 혹시 사인을 받을 수 있을까요?"라고 말해줬다면 그가 권한 주식을 샀을지도 모릅니다.

'아, 인간의 마음은 이런 것인가!' 하고 제 마음의 욕심을 뼛속 깊이 실감했지만, 이런 감정은 어디까지나 인지상정입니다.

이처럼 상대가 가장 중요하게 생각하는 부분을 기억하는 것은 상대의 마음을 이 정도로 사로잡을 수 있고, 또 반대로 이만큼 낙담하게 만들 수도 있는 것입니다.

상대와 이야기를 나눌 때는 거래 관계에 있는 사람이라 하더라도 '내 실적을 올리고 싶다', '내가 이득을 보고 싶다'는 욕심을 떨쳐내고 '상대의 마음'에 초점을 맞춰야 합니다.

'나의 욕심'보다 '상대방의 마음'을 볼 줄 안다면 초일류 증권맨보다 사람의 마음을 더 강하게 사로잡을 수 있는 매력을 지닌 셈입니다. 평소에 이런 부분을 의식하다 보면 어느새 주변에 당신을 좋아하고 만나서 이야기하고 싶어 하는 사람들이 많이 늘어나 있을 것입니다. 물론 업무적인 성과라는 기쁜 결과는 덤으로 따라올 것입니다.

일류와 이류를 나누는 사소한 습관

대화에서는 종종 '아주 사소한 것'이 '마음의 다리'를 놓아주기도 합니다. 따라서 협상이나 계약 같은 업무상 대화뿐만 아니라 '잡담'할 때도 방심할 수 없습니다. 그러니 어떤 이야기든 성의껏 귀를 기울여야 합니다.

잡담을 나누던 중에 상대방이 '대수롭지 않게 했던 말 한마디', 어떤 화젯거리도 흘려듣지 않고 관심을 기울여야 합니다. 특히 취미 생활, 자녀의 입학 또는 수험, 배우자의 입원 등은 '잘 기억해두면 좋은 이야기'입니다.

상대방의 마음을 상상하면서 이야기를 듣고 인상적인 부분을 확실히 새겨두었다가 다음에 만났을 때 자연스럽게 그 화제를 꺼내는 것이 얼마나 상대를 기쁘게 하는 일인지는 지금까지 내내 강조해왔습니다.

업무상 대화에서 잡담은 부수적인 부분으로 소홀히 하기 쉽습니다. 하지만 잡담 또한 상대방에게 이야기를 끌어내서 커뮤니케이션을 원활하게 할 수 있는 중요한 화젯거리임을 잊어서는 안 됩니다.

잡담도 메모할 가치가 있다

협상이나 영업 등 상대방이 업무상 중요한 사람일 때는 잡담을 나누더라도 업무와 관련된 내용을 다룰 때처럼 주의를 기울여서 메모해두세요.

상대방의 말에 힘이 들어가 있거나 감정이 풍부해졌을 때, 상대방의 눈이 반짝이는 순간, 같은 주제를 여러 번 언급할 때는 그 말을 반드시 메모합니다.

그 자리에서 메모하기가 힘들다면 잘 기억해뒀다가 상대방과 헤어진 후 바로 적어둡니다.

처음 만난 사람이라면 명함의 여백에 써두는 것도 좋습니다. 잡담에서 나온 내용이 다음에 만날 때 큰 도움이 될 수 있으니까요.

"○○ 사장님, 그러고 보니 손자분 입학식이 그제였겠네요. 다녀오셨어요?"

이런 소소한 화제를 꺼내면 '그런 걸 다 기억하다니' 하며 상대방은 기분이 좋아집니다.

요즘은 스마트폰 메모 앱을 사용하면 편리하니 적극적으로 활용해보세요.

메모해둔 내용을 보면서 인사 메일을 쓰고, 다음에 만나기 직전에 메모해둔 내용을 이야깃거리로 활용해본다면 당신의 이미지가 한층 좋아질 것입니다.

이처럼 사소한 습관이 일류와 이류를 나눕니다.

미래의 인맥을 넓히는 습관

인간적인 매력과 더불어 업무 능력도 날마다 높아지는 습관이 있습니다. 하루를 마무리할 때 오늘 만난 사람은 어떤 사람이었는지, 어떤 대화를 나눴는지 떠올려보는 시간을 가지는 것입니다.

욕조에 몸을 담그고 있을 때나 잠자리에 누워 눈을 감고 생각해봐도 좋습니다. 인상 깊은 말, 마음에 남는 말이 있다면 따로 적어두세요.

의식적으로 이런 시간을 만들기만 해도 상대방에 대한 애정이 생겨 다음에 만났을 때 상대방을 주인공으로 만드는 잡담이 저절로 가능해집니다.

그러면 상대방은 당신이 '자신을 소중하게 여긴다'고 느끼고 이를 통해 좋은 관계가 형성되기 시작합니다. '상대방에 대한 애정'이 무의식중에 당신의 태도에 배어 나오기 때문입니다.

잠들기 전 오늘 만난 사람을 떠올려라

'이제 만날 일도 별로 없을 텐데.'

'나한테 뭔가 득 될 만한 이야기는 안 해주려나.'

'그냥 인사만 하는 사이인데, 뭘.'

이렇게 생각하며 쌀쌀맞게 대하는 정도는 아니더라도 무관심하거나 소홀히 여기는 사람은 없습니까? 이런 생각이 드는 사람과 대화를 나누었을 때일수록 하루를 마무리할 때 꼭 다시 떠올려보세요.

회사를 방문하는 영업사원, 거래처 회사의 신입사원, 아니면 회사 내부 청소를 해주시는 분일 수도 있습니다.

어떤 사람에게든 애정을 가지고 대하려는 태도는 당신의 인격을 높여줍니다. 지금은 당신과의 관계나 인연이 흐릿할지 모르지만 언젠가 완전히 다른 모습으로 당신 앞에 나타날지도 모릅니다.

그때가 되어 갑자기 태도를 바꿔서 대한들 때는 이미 늦은 것입니다.

인생에서 만나는 모든 이에게 '애정'을 담아 대하다 보면 성숙한 인간의 미덕이 태도로 자연스럽게 배어 나옵니다. 이것은 '미래의 인맥'을 넓히는 일이자 결국은 가시적 성과에도 큰 영향을 준다는 점을 꼭 기억해두기를 바랍니다.

'덕분에' '당신은요?'
'역시'

두 번째 만남이
더 기다려지는 사람
　　　　　　　　　　　주인공은 아닌데
　　　　　　　　　　대화를 주도하는 사람
'읽씹', '안읽씹'
절대 없는 대화의 기술

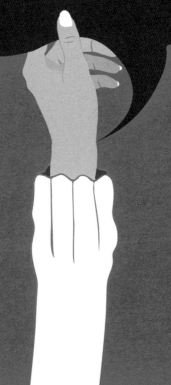

PART
05

영향력 있는 사람의
마음을 얻는 대화법

–상대의 자부심 인정해주기

당장 의뢰가 들어오는 은근한 메시지

이번 장에서는 비즈니스 사회의 핵심 인물인 경영자, 임원진 등 실력자의 마음을 사로잡는 대화법을 소개합니다. 단적으로 표현하자면 '성공과 직결되는 대화법'입니다.

상대방을 '기분 좋게' 만들고 '눈여겨볼 만한 사람'이라고 생각하게 만들어서 상대방의 호감을 얻고, 그 결과 좋은 평가를 받거나 계약에 성공하는 등 '구체적인 성과'를 낼 수 있는 대화법입니다.

실제로 제 강의를 들은 사람들이 직접 실행해서 기적을 만들어낸 방법입니다. '효과가 증명된' 방법인 만큼 어떤 의미에서는 악용해서는 안 되는 대화법이기도 합니다.

'마음을 간지럽히면' 눈여겨보지 않을 수 없다

제 강의를 듣는 프리랜서 웹디자이너의 경험담입니다. 다른 업종과 교류하는 모임에서 어느 법무사를 알게 되어 홈페이지 제작과 관련해 법무사 사무소를 방문했습니다.

'상대방을 주인공으로 만드는 이야기'를 해야 한다고 의식하면서 회사를 방문한 다음 날 '상대방 주인공 대화법'에 따라 다음과 같은 내용의 메시지를 보냈습니다.

○○ 선생님, 어제는 시간 내주셔서 정말 감사했습니다.

선생님께서 "클라이언트의 까다로운 요구나 부하의 성장에도 묵묵히 인내한다"고 하신 말씀이 제 마음에 매우 깊은 인상을 남겼습니다.

선생님 같은 분도 인내하신다니, 저의 부족함을 새삼 깨달았습니다.

그다음 이야기를 꼭 더 듣고 싶습니다.

그러나 법무사의 반응은 '좋아요' 표시뿐 아무런 답신이 오지 않았다고 합니다.

그는 조금 실망했지만 마음을 다잡고 법무사의 SNS를 들여다보았습니다. 그런데 그가 보낸 메시지를 통째로 복사해서 '클라이언트에게 이런 메시지를 받았습니다'라고 게시글이 올라와 있었다는 것입니다.

게다가 해당 게시글에는 '좋아요'도 잔뜩 달려 있었습니다. '저도 이런 메시지를 받는 컨설턴트가 되었습니다' 하고 자랑스러워하는 말도 함께 쓰여 있었다고 합니다.

그는 '기분 좋으셨구나!' 생각하고 그냥 넘어갔는데, 다음 날 법무사에게 홈페이지 제작 의뢰가 들어왔다고 합니다.

웹디자이너가 보낸 메일 내용에서 어떤 점이 그토록 법무사의 마음을 움직였을까요? 그에 대해 구체적으로 알아보겠습니다.

마음의 '급소'를 파악하라

일을 할 때 우리의 성공과 수입에 직접적으로 영향을 끼치는 사람들이 있습니다. 다니고 있는 회사의 사장과 임원, 거래처 담당자, 고객 등 당신에게 중요한 사람의 마음을 사로잡는 태도는 매우 가치 있는 '지적재산'입니다.

이처럼 중요한 상대의 마음을 사로잡을 만한 커뮤니케이션 능력은 업무적인 성과를 올리는 데 더없이 중요합니다.

중요한 상대와 대화를 나눌 때 핵심은 '상대방을 주인공으로 만드는 이야기'를 하려고 의식하는 것, 그리고 헤어진 후에 다음과 같은 방식으로 메시지를 보내는 것입니다.

첫째, 상대방의 말을 '통째로' 인용한다.

둘째, 상대방의 말이 어떻게 느껴졌는지, 내게 어떤 영향을 주었는지 전달한다.

셋째, "그다음 이야기를 꼭 들려주세요"라고 마무리한다.

메일이나 메신저로 보내도 되고 다음에 다시 만난 자리에서 직접 말로 해도 좋습니다. 다만 핵심은 '그 자리에서'가 아니라 '나중에'라는 것입니다. '시간이 지나서도 떠오를 만큼 내 말이 인상적이었구나!'라고 상대방이 느낄 수 있도록 말입니다.

상대의 마음을 파고드는 메시지 작성 방법 3가지에 대해 자세히 살펴보겠습니다.

'첫째, 상대방의 말을 '통째로' 인용한다'에 대해 알아보겠습니다.

상대의 마음을 사로잡는 강력한 비결로 상대방이 했던 말을 다음번에 자연스럽게 화제로 삼는 것에 대해서는 이미 앞에서 다루었습니다.

그런데 상대가 매우 중요한 인물이고 그 사람에게 더욱 강한 인상을 남기고 싶을 때는 한 발 더 나아가서 상대의 말을 그대로 기억했다가 '직접 인용'하는 방법을 활용합니다.

앞에서 사례를 든 웹디자이너의 메시지에서 "클라이언트의 까다로운 요구나 부하의 성장에도 묵묵히 인내한다"는 부분이 상대가 말한 내용입니다.

상대방이 사용한 단어를 그대로 재현함으로써 상대방은 '내가 한 말이 그 정도로 마음에 남았구나'라고 생각하는 것입니다.

이때 '인내에 대한 말씀이 제 마음에 매우 깊은 인상을 남겼습니다'와 같이 상대가 말한 내용을 간단하게 줄이지 않도록 유의합니다. '인내에 대한 말씀'이라고 압축해버리면 상대방의 말이 얼마나 강렬한 인상을 남겼는지 제대로 전해지지 않습니다. 그러면 상대의 감동도 반감되고 말 것입니다.

상대의 자신감을 자극하라

상대방의 말을 인용한 후에는 '둘째, 상대방의 말이 어떻게 느껴졌는지, 내게 어떤 영향을 주었는지' 언급합니다.

법무사의 마음을 사로잡은 웹디자이너의 메시지는 다음과 같았습니다.

선생님께서 "클라이언트의 까다로운 요구나 부하의 성장에도 묵묵히 인내한다"고 하신 말씀이 제 마음에 매우 깊은 인상을 남겼습니다.

선생님 같은 분도 인내하신다니, 저의 부족함을 새삼 깨달았습니다.

이러한 메시지는 '당신에게 커다란 영향을 받았습니다. 당신은 무척 영향력 있는 사람입니다'라는 메시지를 상대방에게 전달합니다.

상대방은 '당신은 대단한 사람이며 나는 부족한 사람입니다', '당신에게 배우고 싶습니다'라는 메시지로 받아들이면서 당신을 '나의 진가를 이해하는 사람'이라고 인식합니다.

상대가 내심 흐뭇해하는 간단한 표현

상대방의 말에서 어떤 느낌을 받았는지 표현하기가 어렵다면 다음과 같은 말을 활용해볼 수 있습니다.

"이 말에 깊이 공감했습니다."
"처음 듣는 말씀에 많이 배웠습니다."

이 정도만 언급해도 매우 큰 효과를 볼 수 있습니다. 여러모로 편리한 표현이니 꼭 활용해보세요.

'이런 말을 들어도 별로 기쁘지 않을 것 같은데'라고 생각하는 사람도 있을 것입니다. 이런 표현이 조금 '가식적'으로 느껴질지도 모릅니다.

그러나 '자신감 넘치는 사람, 자신에게 힘이 있다고 여기는 사람'에게 '당신에게 배우고 싶다'는 메시지는 엄청난 효력을 발휘합니다. '내 능력을 알아보는 사람이다'라는 인상을 심어주기 때문입니다. 이런 메시지를 받으면 겉으로는 태연한 척하더라도 내심 흐뭇해할 것입니다.

실력자는 자신보다 나이가 어리거나 사회적 지위가 낮은 상대에게는 방심하는 경향이 있습니다. '나에 대한 상대의 솔직하고 정직한 감상'으로 받아들이세요.

답신이 바로 오게 만드는 단 한 줄

마지막으로 '셋째, 그다음 이야기를 꼭 들려주세요'라고 마무리합니다.

상대방의 말을 직접 인용하고 그 말에 얼마나 감동했는지 언급했다면 상대방의 마음은 분명 움직이기 시작했을 것입니다.

그때 "그다음 이야기를 꼭 들려주세요"라는 말까지 덧붙이면 상대방의 마음은 온전히 당신에게 기울 것입니다.

특히 상대방이 열 살 이상 많거나 젊지만 성공한 사람, 경영자(임원), 스스로에게 자신 있는 사람일수록 강력한 효과를 발휘하는 표현입니다.

자신감 넘치는 사람일수록 '내 이야기가 듣고 싶겠지. 내가 얼마나 훌륭한 사람인지 알아보네'라고 생각합니다.

이 방법을 실제로 적용해본 사람들의 피드백에 따르면, 이런 메시지를 보냈을 때 답장이 상당히 빨리 온다고 합니다. 게다가 답장에는 '근처에 오면 꼭 들러주세요', '다음엔 언제 오세요?'라는 내용과 함께 흡족해하는 상대방의 기분이 고스란히 전해진다는 것입니다.

다만 강력한 효과를 내는 표현인 만큼 사용할 때는 세심한 주의가 필요합니다. 실패 사례를 참고해보면 유의해야 할 점이 크게 2가지 있습니다.

우선 가벼운 말투는 삼가야 합니다. "또 얘기 들려주세요!"처럼 가볍게 전하면 그저 싹싹한 인사쯤으로 받아들이기 쉽습니다.

또 하나는 '어떤 이야기에 감명받았는지 구체적으로 명시하는 것'입니다. 어떤 이야기를 더 듣고 싶은지 구체적으로 밝히지 않으면 자신의 어떤 말에 흥미를 느낀 건지 알 수 없기 때문에 상대방의 마음이 움직이지 않습니다.

"전무님 말씀은 전부 흥미로웠습니다. 또 이야기 들려주세요"라고 간단하게 언급하는 것이 아니라 구체적으로 밝혀야 합니다.

"'신입사원 때 눈에 띄는 사람보다 착실히 실력을 쌓아가는 사람이 기업인으로 더 성공한다'라는 전무님 말씀이 마음에 깊이 와 닿았습니다. 여기에 대해 좀 더 이야기를 들려주실 수 있을까요?"

그러면 상대방은 '이 부분을 흥미 있게 들었군. 그렇다면 더 깊은 이야기를 들려줘 볼까?' 하고 마음이 움직이는 것입니다.

효과가 뛰어난 표현이지만 잘못 활용하거나 남용하면 오히려 역효과가 나타날 수 있습니다. 적당한 순간에 적절히 사용하여 효과를 극대화해보세요.

인상적인 부분은 짧고 강렬하게

상대가 말한 내용은 가능한 통째로 기억해두었다가 그대로 인용하는 것이 좋다고 했습니다. 그렇지만 상대의 말이 너무 길면 좋은 부분만 일부 발췌하여 활용하는 것이 좋습니다. 이때도 짧게 '정리하는 것'이 아니라 '발췌'하는 것이 핵심입니다.

"앞으로 계속 직장 생활을 하게 될 텐데 단숨에 계단을 뛰어오르는 사람보다 인품 좋은 사람이 마지막까지 살아남을 거야."

위와 같은 상대방의 말을 모두 외우려면 기억력이 꽤 좋아야겠지요. 이럴 때는 짧고 강렬한 부분을 '잘라내어' 기억해둡니다.

여기서는 '인품 좋은 사람이 마지막까지 살아남을 거야'라는 부분을 잘라내서 자신의 감상을 덧붙여 전달합니다.

"지난번 뵈었을 때, 앞으로 기업에서 인품 좋은 사람이 마지막까지 살아남을 것이라는 말씀에 깊은 인상을 받았습니다. 인생의 경험에서 우러나오는 조언이라고 느껴졌습니다."

이런 내용을 직접 만나서 전하거나 메신저 또는 메일로 전달합니다.

"내가 사원일 때는 몰랐지만 부하직원이 생기고 나니 예전 상사의 마음을 알겠더군. 그 상사도 분명 힘들었겠지"라고 상대가 말했다면 다음과 같이 전할 수 있습니다.

"부하직원이 생기고 나니 예전 상사의 마음을 알겠다고 하신 말씀을 듣고 저는 한참 미숙하지만 느끼는 바가 컸습니다. 인격적으로 성숙한 어른이기에 하실 수 있는 말씀이라고 생각합니다."

여기서는 '부하직원이 생기고 나니 예전 상사의 마음을 알겠더군'이라는 대목을 언급했습니다. 사람에 따라서는 '그 상사도 힘들었겠지'라는 부분에서 마음이 움직였을지도 모릅니다.

대화를 나누는 상대방의 말을 주의 깊게 듣고 인상적인 부분을 짧게 발췌해 기억해두는 것이 요령입니다.

또 사고 싶어지는 판매원의 한마디

마지막으로 제가 직접 받은, 마음이 따뜻해지는 메시지를 소개하고자 합니다.

저의 어머니가 돌아가시고 불단을 구입하게 되었습니다. 예전부터 '여기서 사야지' 하고 정해둔 곳이 있어 바로 구매했는데, 판매직원이 감사의 편지를 보내왔습니다.

"'종종 가게 앞을 지나다니면서 불단이 필요하면 여기서 사야겠다고 마음먹고 있었다'는 말씀 정말 감사했습니다."

제가 했던 말을 그대로 기억해두었다가 감사의 말과 함께 전해준 것이지요. 편지의 감동이 무척 오래 이어졌습니다. 그래서 그 회사 홈페이지 고객의 소리에 "그 직원은 고객의 말을 성의껏 듣고 그 말을 기억해주어 감동받았습니다" 하고 소감을 남겼습니다.

상대를 주인공으로 만드는 대화는 이처럼 사소한 것에서 감동을 주어 마음을 움직이고 결과적으로 큰 성과로 연결되는 것입니다.

'덕분에' '당신은요?'

'역시'

두 번째 만남이
더 기다려지는 사람

주인공은 아닌데
대화를 주도하는 사람

'읽씹', '안읽씹'
절대 없는 대화의 기술

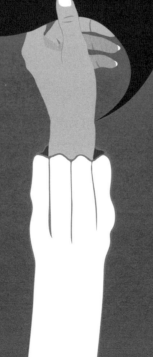

PART
06

친밀감을 2배 높이는
기적의 대화

-상대의 마음을 간지럽히기

관심도에 따라 대화력이 달라진다

"그거 어떻게 됐어?"

간단하지만 대부분 알지 못하는 근사한 대화법을 소개하고
자 합니다.

보통은 다른 사람에게 말을 걸고 싶을 때 머릿속으로 '자기
자신'을 생각하며 화젯거리를 찾습니다. 그러고는 무심코 '지난
번 이런 일이 있었는데……' 하고 자기가 주인공이 되는 이야
기를 꺼냅니다.

바로 이 부분을 바꿔야 상대방에게 이야기를 끌어낼 수 있
습니다.

누군가와 대화를 시작할 때는 가장 먼저 상대방에 대해 생각

합니다. 우선 그 사람에 관련된 이야기로 대화를 시작할 수 있을지 고려해보세요.

이때 '지난번 상대방에게 들었던 이야기'를 활용하면 대화를 시작하기 좋은 소재를 찾을 수 있습니다.

"강아지를 기르신다고 하셨죠? 강아지는 잘 지내나요?"

"헬스장에 다니기 시작하셨다고 그러셨죠? 계속 다니고 계세요?"

"지난번에 이사하고 싶다고 하신 것 같은데 부동산은 다녀오셨어요?"

이런 질문을 건네면 상대방은 분명 기분 좋게 이야기를 들려줄 것입니다.

단, 긍정적인 내용에 한해서만 언급해야 합니다. 실수로라도 "남자친구와 헤어질 것 같다고 했잖아. 어떻게 됐어?"와 같은 이야기를 꺼내면 안 됩니다. 어두운 이야기는 웬만큼 가까운 사이가 아니라면 피하는 것이 좋습니다.

이런 대화가 가능해지려면 평소 상대방이 하는 말을 주의 깊게 듣는 것이 중요합니다. 남의 말을 흘려듣는 사람은 상대방이 무슨 이야기를 했는지 전혀 기억하지 못할 테니까요.

이전 만남에서 나눈 이야기를 꺼내라

자기 자신에게만 관심 있는 사람은 남의 말을 '그저 남 일'로만 받아들일 뿐입니다. 하지만 남을 기분 좋게 만드는 사람은 상대의 기쁨이나 아픔까지 자기 일처럼 공감하며 듣습니다.

상대가 맛있는 음식을 먹은 이야기를 하면 자신도 침을 꿀꺽 삼키고, 아팠던 이야기를 하면 자기도 아픈 듯 얼굴을 찌푸리며 듣습니다. 다른 사람이 하는 이야기를 상상하면서 직접 체험하듯이 듣는 것입니다. 그래서 상대가 한 말을 더 오래 또렷하게 기억합니다.

"그거 어떻게 됐어?"라고 물어보면 상대의 마음에 내가 있다는 의미이므로 누구나 기분이 좋아질 수밖에 없습니다.

그 사람에게 예전에 들었던 이야기를 화제 삼아 말을 걸어보세요. 분명 기분 좋게 대답해줄 것입니다.

새로운 출발을 응원하는 법

"생각했던 것과 다른 부분도 있지?"

일을 하거나 일상을 살아가다 보면 다양한 전환점을 맞이하게 됩니다. 타인에게는 사사로워 보일지 몰라도 대체로 본인에게는 커다란 사건으로 다가옵니다. 생활의 변화에는 늘 새로운 경험이 따라오므로 다른 사람에게 하고 싶은 말들도 무척이나 많아집니다.

대화를 나눌 때 '첫 ○○'을 화제로 삼아 말을 걸어보면 자연스럽게 상대방을 주인공으로 만들 수 있습니다.

매년 기업체들이 직원들을 채용하는 시기가 되면 단정하게 정장을 차려입고 환한 표정으로 거리를 걷는 젊은이들이 눈에 띕니다. 그런 사람이 곁에 있으면 말을 걸지 않을 수가 없지요.

우선 "일해보니 어때요?"라는 뻔한 질문이라도 좋습니다.

새로운 경험에서 끌어낸 이야기

상대방의 마음에 조금 더 다가가서 느껴보세요. 내가 상대방의 입장이라면 어떻게 느꼈을지 상상해봅니다. 분명 번뜩이는 무언가가 당신을 기다리고 있을 것입니다.

누구나 처음 어떤 일을 하기 직전에는 기대감과 불안감을 느낍니다. 그럴 때는 어떤 느낌일지, 어떤 기분이 들지 찬찬히 한 번 생각해보세요.

처음 직장에 들어간 신입사원은 어떤 기분일지 상상해보세요. 어쩌면 예상과는 조금 다른 점이 분명 있을 것입니다. 처음이라 깜짝 놀라는 일의 연속일지도 모릅니다.

"생각했던 것과 다른 점이 있었어?"

"깜짝 놀랐던 건 없었어?"

이렇게 말을 걸어보세요. 상대방의 새로운 출발에는 즐거운 에피소드가 잔뜩 숨겨져 있습니다. 당신의 질문이 끌어낸 에피소드는 놀랍고 신선한 발견 그리고 당신이 잊고 있던 감동까지 떠올리게 해줄지도 모릅니다.

제 강의를 듣는 사람 중에 결혼한 지 얼마 안 된 사람이 있어 이렇게 물어봤습니다.

"결혼하고 보니 생각했던 것과 다른 점도 많죠?"

그러자 그가 대답했습니다.

"결혼해서 같이 살다 보니 아내의 생얼을 계속 보게 되더군요. 결혼 전에는 아내의 생얼을 한 번도 못 봤거든요."

의외의 대답에 그 자리에 있던 사람들 모두 큰 웃음을 터뜨리고 말았습니다.

자녀(손자)가 태어난다, 집을 산다, 부하직원이 생긴다, 자취를 시작한다, 애인이 생긴다, 아이가 학교에 들어간다, 차를 처음 산다, 사업을 시작한다, 반려동물을 기른다.

이와 같은 인생의 첫 경험에는 놀라운 이야기가 가득합니다. 애정이 담긴 질문으로 상대방의 흥미로운 에피소드를 끌어내 보세요.

진짜 대화 고수들의 질문

"예전과 어떤 점이 달라졌나요?"

'환경의 변화'는 상대방의 흥미를 끌어낼 절호의 기회입니다.
이사, 이직, 부서 이동이나 연인과의 이별처럼 커다란 변화
일 수도 있고 컴퓨터를 새로 사거나 출근길, 헬스장, 미용실을
바꾸는 것처럼 생활의 사소한 변화일 수도 있습니다.

어떤 변화이든 생각하거나 느끼는 것들이 분명 있습니다. 모
든 변화에는 에피소드가 있기 마련이므로 상대방의 이야기를
끌어낼 좋은 기회입니다.

최근에 이사한 사람이 있습니다. 이사를 하면 준비 과정부터
짐 정리를 끝낼 때까지 엄청나게 많은 일들이 있습니다. 분명

이사하기 전의 생활과 달라져서 이런저런 비교를 하게 되지 않을까요?

전에 살던 집보다 크다 작다, 역이나 슈퍼가 더 가깝다 더 멀다, 마음에 드는 가게가 근처에 생겼다, 이웃에 친절한 사람 또는 무서운 사람이 있다, 주변이 더 조용하다 등 어떤 차이가 있을지 상상해봅니다.

이사해서 더 편한 부분이 있는가 하면 불편한 부분도 있을 것입니다.

변화가 생기면 이야기하고 싶은 심리

이사를 하면 주변 환경이 확 달라진다는 점을 상상하면서 질문을 던져봅니다.

"전에 살던 집과 다른 점은 뭐예요?"
"가장 크게 달라진 건 어떤 점이에요?"

이렇게 물어보면 출퇴근, 가족의 표정 등 본인이나 가족에게 일어난 한 편의 드라마를 듣게 될지도 모릅니다. 즐거운 이야기가 넘쳐날 거예요.

이번에는 부서 이동이나 아예 회사를 옮긴 사람의 상황을 상상해봅니다.

새로운 부서, 새로운 회사에 가면 인간관계도 새로 맺어야 하고 회사의 규칙도 전과는 달라서 처음에는 적응되지 않을 것입니다. 달라진 환경에서 어려움을 겪기도 하고 감동하는 일도 있겠지요.

"새로운 부서 사람들이랑 분위기가 이전 부서와 많이 다르지 않아?"

지인 중에 한 명은 최근 외동아들이 취업하고 다른 지역으로 옮겨 가자 오랜만에 부부 둘만 생활하게 되었습니다. 그래서 이렇게 물어보았습니다.

"아들이 집에 없으니 어떤 점이 가장 달라졌나요?"

그러자 조금 쓸쓸한 이야기가 나왔습니다.

"아무래도 식탁에 고기와 디저트가 덜 올라오죠."

"아내 목소리 톤이 조금 낮아졌어요. 아들과 통화할 때는 목소리가 한껏 높아지고요."

그래서 기운을 북돋워주는 말로 위로했습니다.

"그건 참 안타깝네요. 기분 전환 겸 같이 골프나 치러 갑시다!"

상대방의 생활이나 환경에 변화가 생겼다면 대화를 시작하는 좋은 기회로 삼아보세요.

내 노력을 알아줄 때의 감동

"대체 어떻게 한 거예요?"

오랜만에 만난 자리에서 '저 사람 살 빠졌네', '예전보다 몸이 훨씬 탄탄해 보인다'라는 생각이 든다면 거기에는 반드시 상대방의 남모를 노력이 숨겨져 있음을 알아야 합니다.

가까운 사람에게 이처럼 '좋은 변화'가 나타났을 때는 "○○ 씨, 요즘 살 빠졌죠?"라고 말을 걸면서 이렇게 덧붙여보세요.

"엄청나게 노력했겠네요."

자신의 긍정적인 변화를 알아채고 이에 관해 이야기해준다면 당연히 기분이 좋아지겠지요. 더구나 상대방이 얼마나 노력했을지 알아주니 기쁜 마음으로 이야기를 들려줄 것입니다.

'어떻게 했어?'라는 질문보다 훨씬 긍정적이고 기분 좋아지는 말입니다.

그처럼 다이어트를 하거나 몸을 만들기 위해 자신이라면 어떤 노력을 했을지도 생각해봅니다.

목적지보다 두 정거장 먼저 내려서 걸어가고, 에스컬레이터가 아니라 계단을 이용하고, 달달한 음식을 멀리하고, 점심 또는 저녁을 먹지 않을 수도 있습니다. 분명 남다른 노력이 숨어 있을 것입니다.

"대체 어떻게 한 거예요?"

이렇게 물어보는 순간 상대의 입에서는 그동안 힘들었던 이야기가 봇물 터지듯 나옵니다. 다이어트에 대한 생생한 체험담과 더불어 직접 효과를 본 유용한 정보를 전해줄 수도 있습니다. 상대방은 분명 기분이 좋아져서 당신에게 호감을 느끼고 당신도 다이어트에 관심 있다면 아주 유익한 대화를 나눌 수 있습니다.

인정받고 싶은 본능을 자극하라

어린아이에게 깍듯한 인사 예절을 가르치는 부모.

지긋한 나이에도 계단을 총총걸음으로 오르는 사람.

늘 촉촉한 피부를 유지하는 사람.

언제 봐도 금실 좋은 부부.

다양한 요리로 매끼 풍성하게 차리는 남편과 아내.

누가 봐도 이해하기 쉽게 보고서를 잘 쓰는 부하직원.

사람들은 이런저런 노력을 하면서 살아갑니다. 친구나 동료 중에 그런 사람이 있으면 자연스럽게 물어봅니다.

"항상 보면 피부가 매끈하던데, 어떻게 하는 거예요?"

처음에는 "아무것도 안 해요"라는 대답이 돌아올지도 모르지만 "어떤 특별한 화장품을 쓰나요?" 하고 물어보면 조금 뜸을 들이면서도 흔쾌히 이야기를 들려줄 거예요.

상대방의 숨은 노력에 주목하고 그 노력을 화제로 삼는 센스를 갖춘다면 당신의 매력 지수는 한층 올라갈 것입니다.

별것 아닌데 몹시 다정한 말

"애 많이 쓰셨죠?"

겉으로 드러난 성과를 이루기까지 거쳤을 남다른 노력의 이면에는 반드시 고충이 있기 마련입니다. 상대방이 남모르게 고생한 점을 알아주세요. 상사와 단둘이 차로 이동할 때와 같이 이야깃거리를 생각해내기 어려운 상황에서 이런 말을 건네보면 어떨까요?

"회사를 이만큼 성장시키기까지 사장님께서 많이 고생하셨 겠어요?"

"부장님께서는 분명 제가 상상도 못 할 만큼 많이 힘드셨을 거예요."

부하직원에게 이런 말을 듣고 싫어할 사람은 없습니다. 쑥스러워하면서도 본인 나름의 고생담을 들려줄 것입니다. 자신의 이야기를 진지하게 들어주는 부하직원에게는 당연히 애정이 갈 수밖에 없습니다. 이것은 어설픈 아부보다 효과가 훨씬 뛰어납니다.

상사가 인간적으로 훌륭한 사람이라면 이렇게 물어봅니다.

"저희 때문에 답답할 때도 많지 않으셨어요?"

물론 어느 정도 대화에 자신 있는 사람이 아니면 이런 말을 꺼내기 힘들 수도 있을 것입니다. 하지만 잘 활용해보면 놀랄 만큼 멋진 대화가 이어질 테니 꼭 한번 건네보세요.

'고생 많으셨지요?'라는 말은 거래처 사람과 대화를 나눌 때 사용하기에도 좋습니다.

업무상으로도 긍정적인 영향을 불러일으키는 표현이니 꼭 기억해두시기 바랍니다.

이 한마디로 품격이 올라간다

다른 사람들을 주의 깊게 관찰하는 자세가 몸에 배면 '고생 많으셨지요?'라는 말로 공적인 관계뿐만 아니라 개인적으로 가까운 사이에도 '따스한 마음'을 전할 수 있습니다.

가족, 어린이 스포츠 교실의 자원봉사 선생님, 아파트 관리인, 경비원 등 주위를 둘러보면 눈에 띄지 않게 우리의 생활을 지탱해주고 있는 사람들이 많습니다.

그런 사람들과 대화할 기회가 생기면 "분명 저는 모르는 고충이 있으시겠지요?"라는 말을 건네보세요. 위로가 되는 멋진 말로 효력을 발휘할 테니까요.

내 곁의 소중한 남편, 아내에게도 가끔은 이렇게 물어보세요.

"당신도 직장 생활을 하면서 여러 가지로 고생 많지요?"
"그런데도 늘 힘내줘서 고마워요."

이 말을 들은 남편 또는 아내는 어쩌면 감동의 눈물을 흘릴지도 모릅니다.

상대를 세상의 중심으로 만들어라

> "○○ 씨에게도 영향이 있는 것 아니에요?"

세상에는 다양한 사건 사고가 넘칩니다. 코로나바이러스의 확산은 생활에 커다란 제약을 가져왔고, 주가는 큰 폭으로 올랐다가 갑자기 곤두박질치면서 좀처럼 안정을 찾지 못하고 있습니다.

사회적 거리두기로 행동 반경이 제한되고 대중교통 운행 시간도 달라지는가 하면, 기름값이 폭등하고 인플레이션이 가속화되면서 일상생활에 영향을 주는 크고 작은 소식들이 연일 들려옵니다.

사회 전반적인 변화로 인한 소식들은 대부분의 사람들이 공통적으로 경험하는 것이므로 다른 사람과 대화를 시작하기에 적절한 소재가 될 수 있습니다.

예를 들어 막차 시간이 당겨졌다는 뉴스가 나왔다면 이렇게 물어봅니다.

"지하철 막차 시간이 꽤 당겨졌더라고요. 출퇴근하는 데 영향은 없나요?"

막차 시간까지 근무하는 사람도 있고 그 시간까지 술을 마시는 사람도 있습니다. 각자의 생활방식에 따라 저마다 영향을 받을 것입니다. 그로 인해 곤란을 겪는 사람들이 있을지도 모릅니다.

"막차 시간이 당겨지면 택시 기사님께는 더 좋을 것 같은데 어떠세요?"

택시 운전사에게 이렇게 물어보면 분명 흥미로운 이야기를 들을 수 있을 것입니다.

채소 가격 인상이나 지역 마트의 폐점은 많은 사람들에게 영향을 미치는 일입니다.

"그 동네 마트가 다음 달에 폐점한다는 소식이 들리던데, 영향은 없으세요?"

이런 질문을 던지면 틀림없이 여러 가지 이야기로 활기 넘치는 대화를 이어갈 수 있습니다.

어떤 답변이 나오든 상대방을 주인공으로 만드는 대화는 상대를 기분 좋게 만듭니다.

사건 사고 소식을 접했을 때 혹시 가까운 사람과 관련 있지는 않을까 잠시 생각해보는 습관을 들이면 사람들은 당신과 대화를 나누는 시간이 분명 즐거울 겁니다.

더불어 상대방은 당신이 '나를 신경 써준다'고 느껴 마음이 따뜻해지고 자연스럽게 당신에 대한 호감이 생길 것입니다.

마음의 거리를 좁히는 대화

"당신이라면 어떻게 하시겠어요?"

지금까지는 '서로 잘 아는 사람과 대화'를 나눌 때 활용할 수 있는 이야깃거리에 대해 알아보았습니다.

하지만 처음 만났거나 그다지 가깝지 않은 사람을 만났을 때 상대방을 주인공으로 만드는 이야기를 하기에는 조금 부담스러울 수 있습니다.

그래서 처음에는 개인적인 일들과는 관계없는 '시사적인 소재'로 시작하면서 점차 서로의 거리를 좁혀가는 방법이 있습니다. 말하자면 '장안의 화제인 소소한 뉴스'로 대화의 물꼬를 트는 것입니다.

최근에 한 경찰견이 임무 도중 이탈하였는데, 다른 경찰견이 무사히 찾아냈다는 흥미로운 뉴스를 보았습니다. 이처럼 가슴 찡한 뉴스, 친밀감이 드는 뉴스라면 누구나 흥미를 느끼며 대화에 참여하지 않을까요?

그런데 문제점은 시사적인 소재만으로는 이야기가 길게 이어지지 않는다는 것입니다. 금세 대화가 끊길 수 있어서 시사적인 이야기는 아예 꺼내지 않는 사람도 있습니다. 이럴 때는 약간의 요령으로 대화를 한층 무르익게 할 수 있습니다.

상대와의 거리를 50센티 당기는 대화의 기술

예를 들어 마침 집에서 기르는 반려동물이 탈주했다는 뉴스가 흘러나왔다면 "4미터나 되는 비단뱀이 도망쳤대요"라며 흥미로운 소재로 이야기를 시작합니다.

우선 자신을 주인공으로 조금씩 이야기를 풀어나갑니다.

"저는 그렇게 큰 뱀이 방에 있으면 다리가 풀려서 주저앉을 것 같아요."

"그렇게 큰 뱀을 반려동물로 키우는 사람이라면 아무리 그 사람이 좋아도 같이 못 살 것 같아요."

상대방과 어느 정도 거리가 있을 때는 우선 자신의 이야기를 하면서 친밀감을 느끼게 합니다. 그리고 자기가 했던 말을 소재로 삼아 '당신이라면 어떻게 하시겠어요?'라고 상대방에게 질문을 건넵니다.

"뱀이나 도마뱀 같은 파충류 안 무서워하세요?"
"결혼하고 싶은 사람이 신혼집에 비단뱀을 데려와도 되냐고 물어보면 어떻게 하시겠어요?"

이제부터는 자연스럽게 상대방이 이야기의 주인공이 됩니다. 사고방식이나 성격을 파악할 수 있는 흥미로운 이야기를 듣게 될지도 모릅니다.

우선 시사적인 소재로 "○○래요"라고 대화를 시작하고, 이어서 "저는⋯⋯" 하고 자신이 주인공인 이야기를 짧게 꺼냅니다. 이때 포인트는 '짧게' 하는 것입니다.

그런 다음 "○○ 씨라면 어떻게 하시겠어요?"라고 질문을 건넵니다.

우선 스스럼없는 친구나 가족에게 시도해보세요. 이 대화법이 익숙해지면 조금 거리가 먼 사람에게 적용해보면서 그 사람과 점차 가까워지는 경험을 쌓아가 보세요.

이제 '대화를 시작하는 무적의 기술'을 손에 넣었으니 이를 적극적으로 활용하여 어떤 상대와도 즐겁게 이야기를 나눌 수 있을 것입니다.

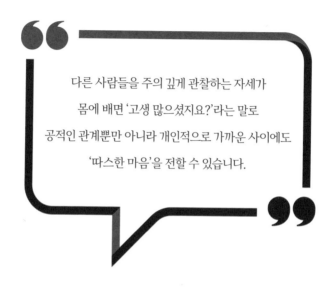

다른 사람들을 주의 깊게 관찰하는 자세가
몸에 배면 '고생 많으셨지요?'라는 말로
공적인 관계뿐만 아니라 개인적으로 가까운 사이에도
'따스한 마음'을 전할 수 있습니다.

'덕분에' '당신은요?'
'역시'

두 번째 만남이
더 기다려지는 사람
　　　　　　주인공은 아닌데
　　　　　대화를 주도하는 사람
'읽씹', '안읽씹'
절대 없는 대화의 기술

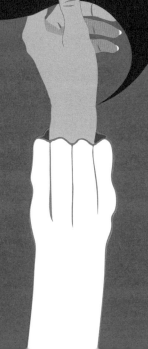

PART
07

응답할 수밖에 없는
메시지

- 상대의 마음에 온기를 불어넣기

늘 신경 쓰고 있다는 느낌을 주고 싶을 때

친구가 많은 사람은 대체로 삶의 활기가 넘칩니다. 주변에 친구가 많은 사람을 잘 살펴보면 연락도 많이 한다는 공통점이 있습니다. 용건이 있든 없든 가볍게 통화를 한다거나 메시지를 보낸다는 것은 그 사람의 마음에 내가 있다는 증거입니다. 그런 친구는 언제든 만나서 대화를 나누고 싶습니다.

이와는 달리 필요할 때만 연락하는 친구, 게다가 무뚝뚝하게 용건만 전하는 사람은 상대방에게 아무런 인상도 남기지 못합니다.

그런 사람과는 딱히 만나고 싶다는 생각이 들지 않으니 관계가 저절로 소원해집니다.

그러나 연락이 서툴다고 나쁜 사람은 아닙니다. 정작 만나보면 좋은 사람도 많으니까요. 그만큼 서툰 연락법으로 손해를 보고 있는 것 같아 안타까울 따름입니다.

그들은 명확한 용건이 없을 때 메시지를 어떻게 보내야 할지 모를 수도 있습니다. 다시 말해 메시지로 어떻게 말을 걸어야 할지 감이 오지 않는 것입니다.

당장 만나고 싶어지는 메시지의 첫 줄

상대방에게 어떤 메시지를 보낼지 선뜻 생각나지 않는다면 눈을 감고 상대방의 얼굴을 떠올려보는 것부터 시작해보세요. 앞서 언급했던 '대화를 시작하는 화젯거리'를 활용합니다.

● **지난번 만났을 때 무슨 이야기를 했는가?**

"여행 간다고 하던데, 어땠어?"

"염색하고 싶다고 했잖아. 해봤어?"

● **상대방이나 가족이 처음 경험한 것이 있는가?**

"처음으로 위내시경 검사를 받는다고 했지? 잘 끝났어? 고생했겠네."

● 생활에 변화는 없었는가?

"이제 곧 인사 이동 시기네요. 다른 지역으로 가게 되지는 않겠죠?"

● 무언가 노력했던 일은 없는가?

"요즘도 달리기 계속하세요? 정말 대단하십니다."

● 고생한 일은 없는가?

"이번에 자녀가 수능을 봤죠? 수능은 사실 부모한테도 무척 힘든 시간이죠."

● 사건이나 뉴스에 영향을 받지는 않았는가?

"독감이 유행이래요. 가족들도 다 별일 없으신가요?"

이처럼 평소에 그 사람을 떠올리는 습관을 들이면 다양한 화젯거리를 찾아낼 수 있습니다. 메시지를 받은 상대는 '이 사람 마음에는 내가 있구나' 하고 기쁘게 생각합니다. 이내 상대방도 '오랜만에 얼굴 한번 보자'는 메시지를 보냅니다. 따뜻한 메시지를 주고받는 동안 두 사람의 관계는 한결 친밀해질 것입니다.

뜻밖의 연락에 마음이 따뜻해진다

메신저의 친구 목록을 한번 훑어보세요. 지인들의 이름이 쭉 나열된 목록에 꽤 오랫동안 연락을 주고받지 않은 사람들의 이름도 잔뜩 있지 않은가요?

이것은 당신의 이름 또한 상대방의 친구 목록 어딘가에서 방황하고 있다는 의미입니다.

그렇다고 아무에게나 메시지를 보내라는 것은 아닙니다. 가끔 시간을 내서 요즘 도통 연락을 주고받지 않는 사람 중에 사실은 당신에게 매우 소중한 사람이 있지는 않은지 한번 확인해 봅니다.

바쁜 현대사회에서는 사소한 계기로 가까웠던 친구와 소원해지는 경우도 있습니다. 취업, 결혼, 이사 등으로 하루하루를 정신없이 지내다 보면 자연히 연락이 끊어지죠. 그런 기간이 길어질수록 다시 연락하기가 더더욱 어려워집니다.

문득 보내는 메시지에 힘을 얻는다

좀처럼 만나지 못하는 고향 친구, 예전 부서에서 신세 졌던 상사나 동료, 사이좋게 지냈던 지인이나 친척 등 누구에게나 소중한 사람은 있습니다.

제 강의를 들었던 사람 중에는 졸업한 지 10년이 넘은 지금까지도 연락하는 분이 있습니다. 아무래도 그분에게는 애정이 남다르지요.

내게 소중한 사람인데 오랫동안 연락하지 않았다면 지금 바로 메신저나 메일로 연락해보세요.

"오늘 문득 생각이 났어요. 잘 지내시나요?"

메시지 내용은 이 정도로 충분합니다. 상대방은 '나를 생각하고 있구나'라고 느끼며 마음이 따뜻해질 거예요.

오랜만에 보내는 메시지에는 '내 이야기'를 넣지 않거나 넣더라도 아주 짧게만 언급합니다.

"저는 텃밭을 가꾸기 시작해서 주말에는 아이들과……"와 같이 자기 이야기를 길게 써서 보내면 역효과가 나타납니다. 늘 '상대방이 주인공'이라는 사실을 기억해야 합니다.

"○○ 씨 웃는 얼굴을 보고 싶네요" 하고 상대방 중심의 메시지를 보내야 상대방의 마음이 움직입니다.

이런 메시지를 주고받다 보면 "그럼 이번 주말이라도 볼까요?"라고 상대방이 먼저 만나자고 할지도 모릅니다.

SNS 댓글에도 기술이 필요하다

　SNS에서는 게시물의 댓글이 소통 수단이 됩니다. 어떤 내용이든 자유롭게 남겨도 좋지만, 상대방과 친밀감을 쌓고 싶다면 '상대방을 주인공으로 만드는 코멘트'를 남겨야 합니다.

　예를 들어 지인이 다음과 같은 게시물을 사진과 함께 올렸습니다.

　"오늘 저녁 식사는 조금 사치스럽게. 무기토로(보리밥에 마즙을 올린 음식−옮긴이)로 유명한 '아사쿠사 무기토로'의 차소바(메밀가루에 말차를 넣어 만든 면 요리−옮긴이)! 맛있습니다!"

　이 게시물에 어떤 댓글을 달아야 할까요?

"역시 미식가! 그런 식당을 알고 있는 ○○ 씨, 미식을 즐길 줄 아는 멋진 사람!"

글을 쓴 사람은 보통 이런 댓글을 기대하지 않을까요? 이런 댓글을 받으면 누구나 '좋아요'를 누르고 답을 남기고 싶어집니다. 더 나아가 그 사람에게 호감을 느끼고 상대방의 계정에도 자꾸 '좋아요'를 누르게 됩니다.

이와는 반대로 상대방의 흥을 뚝 떨어뜨리는 댓글도 있습니다. 바로 '자기가 주인공이 되는' 댓글입니다.

"여기는 소바 인기 랭킹 3위인 식당이네요. 랭킹 1위인 신슈 수타소바집을 추천하겠습니다."

자기가 주인공이 되는 댓글은 종종 '상대를 무시하는 태도'로 받아들여질 수 있으니 주의합니다. 이런 댓글이 반드시 상대방의 미움을 산다고는 볼 수 없지만, 상대방이 무의식중에 '이 사람과 별로 어울리고 싶지 않다'고 느낄 가능성이 큽니다.

게시글보다 더 감동적인 댓글

저는 좋아하는 골프 선수에 대해 SNS에 올린 적이 있습니다.

"마스터스 대회 전부터 컨디션이 좋아졌다고 해서 기대하고 있습니다."

그러자 "그 선수는 퍼팅 스타트가 매우 안 좋으니 결과는 퍼팅 스타트에 달려 있다고 봐야죠"라는 '자기 중심 댓글'이 달렸습니다. 자기의 지식을 뽐내는 분석은 전부 '자기가 주인공인 댓글'입니다.

저는 '자기가 주인공인 댓글'은 그냥 받아들여야 그쯤에서 끝난다고 생각해 짧게 답글을 올립니다.

"트위터에서 선수에 대한 사랑이 느껴집니다. 저도 꼭 응원하겠습니다."

이런 댓글을 남기는 사람도 있습니다. 이 메시지를 보면 당연히 기분이 좋아집니다.

SNS는 자신을 보여줄 더없이 좋은 기회이지만 다른 사람과 가까워지고 마음과 마음을 연결한다는 관점에서 볼 때 '상대방을 주인공으로 만드는' 표현을 의식적으로 쓰기 위해 노력할 필요가 있습니다.

댓글을 남길 때는 언제나 누가 '주인공'이 되어야 하는지를 생각해보시기 바랍니다.

"아이 이유식으로 케이크를 만들어보았습니다"라는 글과 함께 사진이 올라왔다면 "멋진 엄마네요"라고 우선 엄마의 마음에 주목한 댓글을 남깁니다. 나중에 "아이가 정말 귀엽네요"라고 보내면 기쁨은 배가됩니다.

이처럼 상대가 어떻게 느낄지를 잘 파악해서 댓글을 남긴다면 SNS를 더욱 재미있게 즐길 수 있습니다. 댓글을 남길 때는 이 부분을 꼭 생각해보세요.

'좋은 사람'이라고 생각하게 만드는
메시지의 공통점

상대방 주인공 대화법을 익힌 사람들이 잇달아 후기를 전해 줍니다. 후기에는 SNS 메시지에 인성이 그대로 드러난다는 것이 놀랍다는 내용이 많습니다.

나루미 씨는 트위터에서 자주 '좋아요'나 리트윗을 해주는 사람에게는 설령 모르는 사람이어도 다이렉트 메시지로 고마움을 표시한다고 합니다.

상대방을 주인공으로 만드는 대화법을 배우고 나서는 다이렉트 메시지에 대한 답장을 더욱 흥미진진하게 기다리게 되었다는 것입니다.

친근감 넘치는 답장도 많이 온다고 합니다.

"나루미 씨가 올리는 글은 늘 즐거운 내용, 도움이 되는 내용이 많아서 저도 모르게 '좋아요'를 누르게 됩니다."

이렇게 나루미 씨 본인을 주인공으로 만드는 메시지를 받으면 자연스럽게 친밀감이 생긴다고 합니다.

반면 '자기가 주인공이 되는 메시지'를 받으면 저절로 한 걸음 물러서게 된다는 것입니다.

"저는 팔로워가 3천 명 이상이라 모든 게시물을 다 보지는 못해요. 요리 관련 글은 자주 봅니다."

이런 메시지를 보내는 사람에게는 하트만 달고 그 이상 관계를 맺고 싶지 않아서 주의하게 된다고 합니다.

나쁜 사람이라기보다는 진지하고 융통성 없는 사람이 의도하지 않게 이런 실수를 하는 듯합니다. SNS 메시지로는 조금 기분이 상하더라도 그냥 넘어가는 일이 많으니 설마 자기 메시지가 부정적인 인상을 주고 상대방의 기분을 상하게 한다고는 생각하지 못하는 것입니다.

잘 모르는 사람에게도 친근감을 전한다

서로 잘 모르는 상대에게 메시지를 보낼 때는 아무래도 '자신을 알아주기를 바라는 마음'이 앞서는 내용을 쓰기 쉽습니다.

하지만 상대방이 당신의 인성을 판단하는 기준은 '나에게 얼마나 관심이 있는가', '나를 긍정적으로 대해주는가' 하는 것입니다.

이 점을 의식하면서 메시지를 보내면 당신에 대한 호감도가 크게 올라갑니다.

앞으로 SNS에서 잘 모르는 사람과 메시지를 주고받기 전에는 우선 상대가 올린 글을 잘 읽어보고 그 사람에 대해 생각해봅니다.

그런 다음 상대가 기뻐할 만한 메시지를 보내주세요. 그러면 상대에게서도 따뜻하고 친근감 있는 메시지가 돌아올 것입니다.

센스 넘치는 감사의 메시지

　사회생활을 하다 보면 다른 사람에게 식사를 대접받기도 합니다. 맛있는 음식을 대접받은 후에는 감사 메시지를 보내지요. 그런데 이 메시지가 간단해 보이면서도 결코 간단하지가 않습니다.

　SNS의 발달로 메시지 전달 수단은 다채로워졌지만 어떤 내용을 써서 보내야 할지는 여전히 고민입니다.

　그런데 모처럼 윗사람에게 얻어먹고도 감사 메시지를 보내지 않는 사람도 있다고 합니다. 그중에는 윗사람이 먼저 연락하면 거기에 달랑 답변만 하는 사람들도 있다고 하니 그저 놀라울 따름입니다.

　설령 메시지를 보낸다고 해도 기껏해야 '감사합니다', '수고 많으셨습니다', '잘 먹었습니다'라는 내용이 대부분입니다.

상투적인 메시지를 보낸다면 관심 있게 지켜보려고 했던 마음조차 사라져버립니다. 이런 메시지로는 능력 있는 사람, 도리를 아는 사람, 중요한 일을 맡길 수 있는 사람이라는 인상을 남기지 못하는 것입니다.

회식을 준비하고 진행을 맡은 사람이 있습니다. 요즘에는 이런 사람들에게 감사의 인사를 전하는 사람이 확연히 줄어들었다고 합니다. 임원급 직원의 90퍼센트는 반드시 감사 메시지를 보내고, 젊은 직원의 90퍼센트는 보내지 않는다는 흥미로운 조사 결과도 있습니다.

이럴 때일수록 회식을 위해 애써준 사람에게 감사의 인사를 제대로 전하고, 거기에 '센스 있는 한마디'까지 덧붙이면 상대방에게 강한 인상을 남길 수 있습니다.

'적절한 한마디'를 더할 줄 아는 사람

연장자가 마련한 자리에서도 상대방의 행동을 잘 관찰해두면 훌륭한 소재를 찾을 수 있습니다.

예를 들어 거래처 사람들과 회식하기로 한 장소로 들어갔는데 상대편 회사의 사장이 일어나 맞아주었습니다. 이럴 때 센스 있는 사람은 그 행동을 포착하고 회식 후 감사의 메시지에 활용합니다.

"제가 한참 어린데도 사장님께서 일어나 맞아주시다니, 정말 감동했습니다. 그것을 보고 젊은 사원들이 ○○ 사장님을 존경하는 것도 당연하다는 생각이 들었습니다."

이렇게 써서 보낸다면 상대방도 '그런 것을 눈여겨봐 주었구나!' 하고 감동할 것입니다.

헤어질 때 나눴던 악수에서 열의가 느껴졌다면 이것도 좋은 소재가 됩니다.

"어젯밤에는 덕분에 맛있게 잘 먹었습니다. 감사합니다. 마지막 악수, 그 손에 담긴 강한 열정을 잊을 수 없습니다. ○○ 사장님의 에너지를 받아 저도 더욱 성장할 수 있을 것 같습니다."

이런 메시지는 상대방의 가슴을 뜨겁게 만듭니다.

좋은 메시지는 상대방에 대한 관찰과 그에 대한 소감에서 나옵니다.

중요한 사람과 이야기할 기회가 있으면 상대방의 행동을 유심히 관찰해보세요. 상대방에게 감동을 주는 메시지는 바로 거기서 시작됩니다. 업무 성과에도 긍정적인 영향을 미치니 꼭 실천해보시기 바랍니다.

후회 없이 마음을 전해보자

메신저 그룹 채팅에서 대화하기가 어렵다는 고민을 털어놓는 사람들이 종종 있습니다. 메시지를 올리는 사람이 정해져 있어 자기는 어느새 방관자처럼 읽기만 한다는 사람들도 적지 않습니다.

여러 사람을 대상으로 메시지를 쓴다는 것은 아무래도 일대일 대화보다 긴장되는 일입니다.

그런 긴장을 내려놓고 더욱 돈독하고 건강한 인간관계를 만들 수 있는 방법이 있습니다.

가까운 친구들과 즐거운 술자리를 가진 후에는 '그룹 채팅에 무언가 메시지를 올려야 할 텐데⋯⋯'라는 생각이 듭니다. 그런데 도저히 '고마워', '맛있었어'라는 말밖에 떠오르지 않는다고 토로하는 사람들이 많습니다.

이럴 때는 용기를 내서 자기 마음을 있는 그대로 전해보면 어떨까요? 그 친구와 함께한 시간이 매우 즐거웠다면 이렇게 써봅니다.

"오늘 정말 즐거웠어. 이렇게 즐거운 건 너희랑 있을 때뿐이야. 정말 고마워."

무엇이든 솔직하게 말할 수 있는 사이라면 이렇게 말해봅니다.

"회사 회식 자리라면 상상도 못 할 텐데, 뭐든지 털어놓을 수 있는 너희가 있어서 참 다행이야. 너희가 최고다!"

소중한 사람일수록 솔직하게

요즘은 많은 사람들이 자기 기분을 툭 터놓고 말하지 못합니다. 솔직하게 털어놓기를 어려워하는 사람이라면 엄청난 용기가 필요하고, 어떤 의미로 커다란 도전처럼 느껴지는 일일지도 모릅니다. 그러나 이런 메시지로 타인과의 유대관계가 강해지고 당신을 소중히 생각해주는 사람이 늘어난다면 시도해볼 가치가 충분히 있지 않을까요?

한 사람 한 사람과의 만남이 모두 기적입니다. 전 세계 수십억 명의 사람들 가운데 귀한 인연으로 만난 것이니, 그 만남에 감사하지 않을 수가 없습니다.

소중한 사람과의 만남에 감사할 줄 모르고 누구에게도 마음을 전하지 못한다면 언젠가 반드시 후회하는 순간이 찾아올 것입니다.

"나의 친구가 되어줘서 고마워요."

용기 내서 이 한마디를 건넬 줄 아는 사람은 인생의 황혼기를 황금빛 나날로 채울 것입니다. 약간의 쑥스러움은 내려놓고 곁에 있는 소중한 친구에게 솔직한 마음을 전해보세요.

'덕분에' '당신은요?'
'역시'

두 번째 만남이
더 기다려지는 사람
주인공은 아닌데
대화를 주도하는 사람
'읽씹', '안읽씹'
절대 없는 대화의 기술

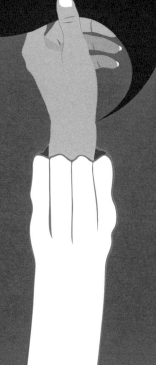

PART
08

좋게 말하면
좋은 사람이 된다
—은근하게 상대를 높여주기

뿌듯함이 차오르는 말

> × "좋은 레스토랑이네요."
>
> ○ "좋은 레스토랑을 알고 계시네요."

상대방이 추천한 레스토랑에 왔습니다. 분위기도, 서비스도, 맛도 훌륭합니다. 그럴 때 일반적으로는 내부를 둘러보면서 "좋은 레스토랑이네요"라고 칭찬하겠지요. 상대방의 반응도 "맞아요" 하는 정도로 그리 큰 감정의 변화는 일어나지 않습니다.

여기서 기억해야 할 칭찬의 요령이 있습니다. 바로 '칭찬의 대상은 상대방이어야 한다는 것'입니다.

이 같은 상황에서 다음과 같이 말해보세요.

"좋은 레스토랑을 알고 계시네요."

"○○ 씨가 다니는 레스토랑은 역시 다릅니다."

그러면 상대방은 들뜬 기분을 감추지 못하겠지요. 거듭 반복하지만 늘 '상대방'을 이야기의 주인공으로 만들어야 한다는 것을 잊어서는 안 됩니다.

한마디만 바꿔도 인상이 달라진다

자주 가는 골프장에 지인을 초대하면 대부분은 "좋은 골프장이네요"라고 말합니다. 기껏해야 앞에 '정말'이라는 부사를 붙이는 정도입니다. 저를 주인공으로 칭찬해주는 사람은 거의 없습니다.

그런데 딱 한 사람이 이렇게 말해주었습니다.

"역시 노구치 씨가 고른 골프장이라 다르네요. 코스가 훌륭합니다."

그 후 그가 30대의 젊은 나이에 중견 회사의 이사로 발탁되었다는 소식을 들었습니다. 저는 당연한 일이라고, 충분히 그럴 만하다고 생각하며 고개를 끄덕였지요.

앞으로 다른 사람이 추천한 레스토랑, 다른 사람이 타고 다니는 차를 칭찬할 때는 의식적으로 사물이 아니라 '상대방', 그 사람을 칭찬해보세요.

"좋은 차를 고르셨네요."

"옷 고르는 센스가 좋군요."

"영화를 고르는 안목이 아주 좋네요. 선택한 영화들이 다 재밌어요."

"집이 사람을 고른다더니, 딱 네 얘기 같아."

칭찬의 대상을 '상대방'으로 바꿔 말하기만 해도 인상이 확 달라집니다.

대화 고수의 남다른 칭찬법

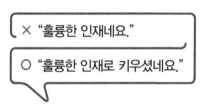

거래처의 신입사원이나 젊은 직원을 보면서 그들이 직장인이자 사회인으로서 성장하고 있다는 것을 느낍니다. 다른 사람에게 관심을 가지고 잘 관찰하다 보면 이런 변화를 감지하는 센스가 자연스럽게 발달하지요.

이런 센스를 발휘해서 그 직원의 상사에게 "○○ 씨를 훌륭한 인재로 키우셨네요"라고 말할 줄 아는 사람이라면 상당한 고수임에 틀림없습니다.

이 또한 대화의 상대, 바로 앞에 있는 '상사'를 주인공으로 만드는 칭찬 방법입니다.

"○○ 씨를 잘 가르치셨네요. 훌륭한 인재로 키우셨어요."

칭찬의 주인공은 상사입니다. 그 사람의 인재를 키우는 능력을 칭찬한 것이지요.

상대방은 "별말씀을요. 본인이 열심히 한 것이죠. 저는 그저 옆에서 지켜봤을 뿐입니다"라고 겸손한 태도를 보이면서도 내심 뿌듯할 것입니다.

그리고 나중에 그 사람은 신입사원에게 "○○ 회사 △△ 씨가 너를 훌륭한 인재로 키웠다고 칭찬하더라"고 전할 것입니다.

상사와 신입사원 모두에게 좋은 인상을 남기고 업무상으로도 긍정적인 영향을 미칠 수 있습니다.

자녀보다 부모를 칭찬하라

저희 아파트에는 쾌활하게 인사를 잘하는 남자아이가 있습니다. 어느 날 엘리베이터에 아이와 어머니가 함께 탔습니다. 평소처럼 아이가 "안녕하세요"라고 인사하길래 저도 인사하고 그 어머니에게 이렇게 말했습니다.

"아드님이 인사도 잘하고 참 훌륭합니다. 어머님께서 잘 키우셨네요."

생각지 못한 칭찬의 말에 어머니는 깜짝 놀란 듯했습니다. 제가 다시 아이에게 "좋은 엄마구나"라고 말을 건네자 두 사람은 밝은 얼굴로 마주 보며 웃었습니다.

아이를 기르는 엄마는 "아이가 야무지네요" 같은 말은 자주 들어도 자신을 칭찬하는 말을 듣는 일은 드뭅니다. 그런 만큼 엄마의 마음에 깊은 인상을 남길 것입니다.

엄마들 모임에서 만난 상대에게 "○○ 군 어머니는 정말 육아 고수이시네요. 비결 좀 알려주세요"라는 말을 전하면 상대방은 분명 기뻐하겠지요. 하지만 이 말로 가장 주가가 올라가는 사람은 당신입니다.

'당신이 선택한 것인 만큼'

> × "좋은 사람들이 주변에 많아서 부러워요."
>
> ○ "당신의 인품이 좋기 때문이겠죠."

상대방의 부하직원이 훌륭한 인재라면 상사인 상대방에게 '잘 가르쳤다'고 표현하라고 말씀드렸습니다. 상대방의 상사가 존경할 만한 인물인 경우에는 어떤 말을 전해야 할까요?

이럴 때는 '당신 주변에 있는 사람들은 모두 훌륭하다(왜냐하면 당신이라는 사람이 훌륭하기 때문)'는 뉘앙스를 전합니다.

"○○ 씨의 상사도 좋은 분이시군요. ○○ 씨 주변에는 존경할 만한 분들이 많네요. 이것도 ○○ 씨의 인품이 좋기 때문이겠죠."

그러면 부하직원은 이 말을 상사에게도 전해서 관계가 한결 부드러워질 것입니다.

두 사람을 한 번에 끌어올리는 마법의 말

남자친구 또는 여자친구의 집에 초대되었을 때도 마찬가지입니다. 상대편 부모님에게 호감을 얻고 싶다면 돌아오는 길에 간단한 메시지를 보내보세요.

"○○ 씨의 부모님인 만큼 훌륭한 아버님, 어머님이시네. 정말 좋은 분들이신 것 같아."

이 메시지는 분명 그대로 부모님께 전해져 깊은 인상을 남길 것입니다. 더불어 앞으로 두 사람의 관계가 더 발전하겠지요.

여기에서 "당신이 선택한 ○○인 만큼……"이라는 표현도 꼭 기억해두기를 바랍니다. 이를테면 다른 사람이 권한 동호회나 취미 모임에 참가했을 때 훌륭한 멤버들로 구성되어 있다면 권해준 사람에게 칭찬의 말을 건넵니다.

"○○ 씨가 있는 동호회인 만큼 역시 근사한 분들만 모여 있네요."

상사나 선배의 배우자가 훌륭한 분일 때도 이렇게 표현해봅니다.

"역시 ○○ 씨가 선택한 분이시네요. 멋집니다."

그저 "멋진 남편이시네요"라고만 하는 것보다 상대방은 훨씬 기뻐할 것입니다.

제가 마련한 모임에 마키코 씨라는 여성을 초대했는데, 돌아가는 길에 그녀에게서 이런 메시지가 왔습니다.

"노구치 씨 주변에는 유쾌하고 즐거운 사람들만 모이네요. 노구치 씨의 인품 덕이겠죠."

그 메시지를 읽고 얼마나 기뻤는지 모릅니다. 저는 "그중에 가장 유쾌하고 즐거운 사람은 마키코 씨입니다"라고 답장을 보냈습니다.

인간관계가 오래가는 핵심 표현

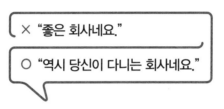

× "좋은 회사네요."

○ "역시 당신이 다니는 회사네요."

업무상으로 대화를 나눌 때 상대방이 "덕분에 저희 회사도 이번 분기는 좋은 실적을 거두고 있습니다"라고 했을 때 대부분의 사람들은 "좋은 회사네요", "이런 불황에 수익을 내는 회사라니 정말 부럽습니다"라고 회사를 칭찬하기 쉽습니다.

하지만 언제나 주목해야 할 사람은 바로 앞에 있는 '상대방'이라는 것을 기억해주세요.

"역시 ○○ 씨가 다니는 회사네요."

이렇게 말하기만 해도 상대방의 입꼬리가 슬그머니 올라갑니다.

"제가 무슨……"이라며 부정하겠지만 "안 보이는 데서 늘 애쓰시는 ○○ 씨 공도 크다고 생각합니다"라고 칭찬의 말을 건네는 것입니다.

특히 평소에 스포트라이트를 받기 힘든 영업 지원 부서에 근무하는 사람이라면 이 표현은 더욱 효과가 큽니다. 상대방 마음 깊은 곳에 와 닿는 무언가가 있을 것입니다.

마음 깊은 곳을 찌르는 말

당신의 상사가 "이번 일은 잘했어. 고생 많았지?"라고 칭찬해 주었다면 상사의 도움 덕분임을 반드시 말로 표현해야 합니다.

"감사합니다. 과장님이 믿고 지켜봐 주셔서 안심하고 도전할 수 있었습니다."

이렇게 말하는 순간 상사의 얼굴에는 쑥스러움의 미소가 비칠 것입니다.

주변의 도움을 절대 잊지 않고 성과를 독점하지 않는 사람이야말로 조직에서 성공할 수 있습니다. 우리 인간은 절대 혼자서는 살아갈 수 없는 존재입니다. 혼자 힘으로는 성공을 손에 쥘 수 없습니다.

영업 성과가 좋은 사람일수록 지원해주는 사람들의 존재를 잊어서는 안 됩니다.

"○○ 씨가 도와주신 덕분입니다. 늘 감사하고 있습니다."

이런 표현을 잊지 않는 사람이 직장에서 오래 살아남습니다.

골프에서 처음으로 100타를 쳤을 때 "오늘은 멤버가 너무 좋았네요"라며 함께한 사람들 덕분임을 표현하는 방법도 있습니다. 그러나 조금 더 어른스럽게 표현하면 "○○ 씨 일행이 좋은 분위기를 만들어주신 덕분입니다"라고 말할 수 있습니다.

절대 거절하지 못하는 대화의 기술

> × "꼭 오세요."
>
> ○ "당신이 오면 다들 좋아할 거예요."

"부장님, 이번 회식에 꼭 참석해주세요"라고 상사에게 권할 때 덧붙이면 좋은 표현이 있습니다.

"부장님이 오시면 다들 좋아할 거예요."

자신이 환영받는 존재라는 사실은 누구에게나 기분 좋은 일입니다. 나이가 많은 사람들일수록 이 말에 더욱 큰 감동을 느낍니다.

상사가 "그때 말한 회식에 참석할게요"라고 수락했다면 이렇게 말합니다.

"감사합니다. 다들 좋아할 거예요."

겉으로는 별다른 표정 변화 없이 태연하게 "그래요?"라고 말하더라도 속으로는 무척 뿌듯해할 것입니다.

환영받는 존재가 되게 하라

젊은 직원들은 흔히 부장급 이상의 상사는 아랫사람이 자신을 어떻게 생각하든 신경 쓰지 않을 거라고 생각합니다.

그러나 사실상 높은 자리로 올라갈수록 젊은 세대들이 자신을 어떻게 생각하는지 적지 않게 신경 씁니다. 혹여 부정적인 이미지를 가지고 있지 않을까 걱정하기도 합니다. 상대방이 40대 이상이라면 최대한 "다들 좋아합니다"라고 표현해주세요. 그러면 알게 모르게 회사 생활이 즐거워집니다.

자신이 주변 사람들에게 환영받는 존재라는 사실은 더없이 기쁜 일입니다. 오랜만에 모임에 참가해준 사람이 있다면 이렇게 말해보세요.

"○○ 씨가 오셔서 다들 좋아해요."

오랜만에 참가할 때는 다른 사람들에게 자신의 존재가 잊혀지지 않았을까 불안합니다. 그럴 때 이 말은 커다란 안도감과 함께 감동을 안겨줍니다.

'다들 좋아해요'라는 표현은 '당신은 멋진 사람'이라는 의미이므로 상대방이 주인공이 되는 표현입니다.

다만 이번 장에서 소개한 칭찬의 말은 틀림없이 상대방을 기분 좋게 만드는 강력한 효과를 지녔으나 남용하면 오히려 역효과를 부르니 주의해야 합니다.

칭찬의 표현을 지나치게 연발하면 오히려 상대를 농락하는 듯한 인상을 줄 수 있습니다. '진심으로 그런 마음이 들 때' 사용해야 효과가 극대화될 것입니다.

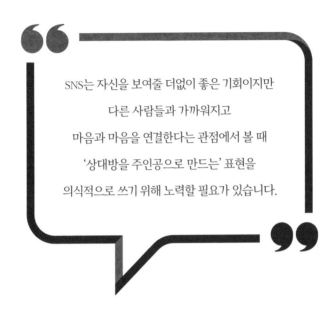

SNS는 자신을 보여줄 더없이 좋은 기회이지만
다른 사람들과 가까워지고
마음과 마음을 연결한다는 관점에서 볼 때
'상대방을 주인공으로 만드는' 표현을
의식적으로 쓰기 위해 노력할 필요가 있습니다.

'덕분에' '당신은요?'
'역시'

두 번째 만남이
더 기다려지는 사람
　　　　　　　　　주인공은 아닌데
　　　　　　　대화를 주도하는 사람
'읽씹', '안읽씹'
절대 없는 대화의 기술

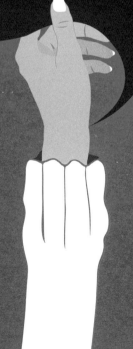

PART
09

일이 술술 풀리는
대화의 기술

-상대를 내 편으로 만들기

일류에서 초일류로 도약하는 대화법

제 강의에는 청년 실업가라 불리는 분들이 종종 찾아옵니다. 사업 규모도 크고 직원 수도 많은 그야말로 능력자들입니다. 회사를 더욱 키워나가려면 스무 살 또는 서른 살 더 많은 사람들과 인맥을 쌓아야 하므로 '상대방을 주인공으로 만드는 대화법'이 필요한 것입니다.

그런 사람들은 한결같이 긍정적이며 활력이 넘친다는 공통점이 있습니다. 더구나 인성도 좋습니다. 하지만 대화를 나누다 보면 아무래도 '나는, 나는'이라는 늪에 빠지기 일쑤입니다.

지난번 그들 중 한 명과 골프를 치고 나서 이런 인사 메시지를 보냈습니다.

"○○ 씨, 실력이 점점 좋아지네요. 이제 조금만 더 하면 저는 전혀 상대가 안 되겠어요. 다음 달에 시간 있으면 또 같이 갑시다."

그러자 이런 답장이 왔습니다.

"아직 한참 연습이 부족해요. 그래서 골프에 필요한 근력운동을 시작하려고 생각 중입니다."

지극한 '자기 주인공 표현'입니다. 저에 대한 언급은 전혀 없습니다. 하지만 대화법을 배우면서 그의 의식이 바뀌었고, 메시지 내용도 달라졌습니다.

"노구치 선생님, 오늘 골프도 굉장히 즐거웠습니다. 선생님과 함께하는 골프는 이야기를 나누는 것도 2배로 즐겁습니다. 저를 골프 친구로 삼아주셔서 감사합니다."

대화법을 배우기 이전과는 전혀 다른 메시지입니다. 이것이 상대방을 '내 편'으로 만드는 대화법입니다. 핵심은 메일이나 메시지를 보낼 때 상대방의 얼굴을 떠올리는 것입니다. 이로써 당신의 메시지는 상대방 마음 깊숙한 곳에 가 닿습니다.

능력이 출중한 젊은 경영자가 운영하는 회사에서 직원연수
를 마치고 제가 이렇게 말했습니다.

"○○ 씨의 회사 직원들은 솔직하고 잠재력이 남달라서 가르
치는 보람이 있습니다. 역시 ○○ 씨의 부하직원답습니다. 직
원 교육을 잘하셨네요."

"아니에요. 한참 멀었습니다. 저도 평소에 솔직함이 성장의
기반이라고 늘 강조하고 있습니다. 학창 시절 은사님의 가르침
이죠."

이처럼 그는 사람들과 대화를 나누다 보면 '너무 고지식하다'
는 말을 종종 듣는다고 고민을 털어놓았는데, '상대방 주인공
대화법'을 배우면서 많이 달라졌습니다.

"연수를 받은 ○○의 영업 실적이 작년의 2배 가까이 늘었습
니다. 그 직원이 일하는 모습을 보니 노구치 씨의 조언을 잘 흡
수했구나 싶더라고요. 선생님의 가르침을 받은 우리 ○○는 정
말 복 많은 사람입니다."

그는 사원을 대할 때도 상대방을 주인공으로 만드는 대화법을 의식하여 '더욱 능력 있는 사장'이 되었습니다.

능력이 뛰어난 사람일수록 대화를 나눌 때 자기 생각을 내세워서 밀어붙이기 쉽습니다. 하지만 이런 점은 오히려 그 사람의 성장을 방해합니다.

의식의 초점을 '나'에서 '당신'으로 옮기면 한참 나이가 많은 상대와도 원활하게 커뮤니케이션할 수 있습니다. 나이 차이 때문에 이야기하는 데 어려움을 느꼈던 은행 임직원과도 한결 친밀하게 대화를 나눌 수 있게 됩니다.

'일류'가 되고자 한다면 상대방을 주인공으로 만드는 대화법을 익혀보세요. 단언컨대 지금까지와는 다른 인맥이 펼쳐질 것입니다.

'덕분에'라는 말의 힘

일에서 좋은 결과를 얻었을 때 자기가 어떤 태도를 보이는지 의식해본 적이 있나요?

특히 그 일을 처리하는 과정에서 상사에게 조언을 얻은 경우라면 좋은 성과를 냈을 때의 태도에서 그 사람의 됨됨이가 드러납니다.

인격적으로 성숙한 사람은 이때도 '상대방을 주인공으로 만드는 표현'을 잊지 않습니다.

"과장님이 말씀해주신 대로 했기 때문에 이렇게 좋은 결과를 얻었습니다."

이렇게 말할 줄 아는 사람, 다른 사람과 성과를 나눌 줄 아는 사람은 조직에서 인정받습니다.

'당신의 지원이 있었기에 내가 성공할 수 있었습니다'라는 표현은 자신에 대한 확신이 있어야 가능합니다. 자신에 대한 믿음이 굳건한 사람은 타인의 평가가 더 이상 필요하지 않으므로 기꺼이 성과를 타인에게 넘겨줄 수 있는 것입니다.

단순히 "과장님 덕분입니다"라고 말하기보다 "과장님 말씀대로 했더니 좋은 결과가 나왔습니다"라는 표현은 '상사의 도움 덕분'이라는 뉘앙스가 강하게 전해져 상대방의 자존감을 자극합니다. 상사도 "아니 무슨, 당신 능력이 뛰어난 것이지"라고 하면서도 기쁜 표정을 감추지 못할 것입니다.

그릇이 큰 사람처럼 보이는 말습관

이처럼 센스 있게 말하는 사람은 회사에서도 성공하고 주변 사람에게도 호감을 얻습니다. 사람의 마음을 사로잡을 수 있는 사람들은 대부분 이런 표현을 능숙하게 활용합니다.

동료에게 조언을 받았을 때도 단순히 "고마워요"라고 말하기보다 "그때 조언해준 것들이 실제로 아주 유용했어요. 정말 큰 도움이 됐습니다"라고 표현하면 상대방의 마음에 더 강렬한 인상을 남길 수 있습니다. 무언가를 배울 때도 마찬가지입니다. 가르쳐준 사람, 도움을 준 사람에게 이런 표현을 건네보세요.

간혹 상사와 동료의 도움을 받고서도 성공했을 때 "자신 있는 분야라서 처음부터 걱정 없었어요"라고 말하는 사람이 있습니다. 이렇게 표현하는 사람은 대화법 이전에 인성에 문제가 있는 것입니다. 이런 사람은 '얄팍한 사람', '그릇이 작은 사람'이라는 평가를 받기 때문에 장기적으로 회사에서 인정받거나 성공할 수 없습니다.

'성과를 얻었을 때는 옆 사람에게 꽃을 들게 하라.'

이것은 백 세 시대를 살아가는 데 필요한 지혜라고 할 수 있을 것입니다.

'나도 기쁘다!' 이 한마디로 충분하다

예를 들어 당신이 지도를 담당하는 후배가 있습니다. 그 후배가 잘 성장하여 혼자 일을 처리하게 되었습니다. 드디어 후배가 직접 거래처를 담당하게 되었을 때, 후배의 자립을 축하하는 기쁜 자리에서 흔히 "잘됐다!", "열심히 해!"라는 말을 건넵니다. 물론 이 또한 훌륭한 말입니다.

다만 앞으로 상대방의 성장과 행운을 기원하는 마음을 더욱 강하게 전하고 싶다면 '당신의 성공과 행복이 나의 기쁨이다'라고 표현해주세요.

"이렇게 성장한 모습을 보니 나도 정말 기쁘다."

'잘됐다', '힘내라'는 말보다 후배에게 진한 감동을 주고, 후배의 마음에는 의욕이 샘솟을 것입니다.

결과가 아닌 노력을 응원하라

아이의 성적이 올랐을 때도 "열심히 했구나"보다 "엄마(아빠)도 기쁘네"라고 말하면 아이는 부모의 사랑을 더욱 강하게 느낍니다.

자신의 성장을 부모가 기뻐해주는 것은 아이의 자기긍정감을 높여줍니다. 자녀와의 대화에서 적극적으로 활용하면 좋겠지요.

친구가 창업한 회사가 안정적인 궤도에 올랐을 때도 '나도 기쁘다'고 표현하면 상대방은 응원받는 느낌이 들어 용기를 얻습니다.

진정한 어른들은 이런 표현을 자연스럽게 할 수 있습니다. 의식하지 않아도 이런 표현이 가능하도록 노력해보세요.

처음 만난 고객을 단골로 만드는 근사한 메시지

처음 만난 고객과 계속 인연을 이어가서 업무적인 성과로 연결 짓고 싶다는 생각이 드시나요? 이런 상황이 매일 반복되는 환경에서 근무하는 사람이라면 한 번 만난 고객의 마음을 메시지 한 통으로 사로잡아 보세요. 성과로 이어질 확률이 극적으로 높아집니다.

이때 반드시 명심할 점이 있습니다. 바로 '자신을 어필하지 않는 것'입니다.

"○○가 필요하시면 제게 맡겨주십시오. 저희 회사는 △△ 시스템과 □□ 정보를 모두 갖추고 있습니다. ○○가 필요하실 때 부디 저를 떠올려주십시오."

한 번밖에 만나지 않은 사람에게 이런 연락을 받으면 누구나 부담스러울 것입니다. 영업사원과 만난 후에는 거의 언제나 '자기를 홍보하는 메시지'를 받습니다.

그런데 실제로 고객은 이런 메시지를 대부분 읽지도 않고 삭제해버립니다. 이런 방식으로는 고객의 마음을 사로잡을 수 없습니다.

'당신에게 영향을 받았습니다'의 위력

그렇다면 어떤 메시지를 보내야 할까요?

핵심은 '고객님의 이런 부분을 배우고 싶습니다'라는 표현입니다.

"편안하게 이야기해주셔서 제 긴장도 금세 풀렸습니다. ○○ 씨의 차분함을 본받고 싶습니다."

"상황을 간단하고 이해하기 쉽게 설명해주셔서 아무것도 모르는 저도 금방 이해할 수 있었습니다. ○○ 씨의 설명 방법을 본받고 싶습니다."

이런 식으로 활용해봅니다. 상대방이 나이가 더 많고 권위 있는 사람일수록 더 큰 효과를 볼 수 있습니다. 그러나 비슷한 또래나 권위를 내세우지 않는 사람에게는 '본받다'는 표현이 조금 거창하게 들릴 수도 있습니다. 이때는 조금 가볍게 '따라 하고 싶다, 닮고 싶다'는 표현을 사용하는 것이 좋습니다.

"○○ 씨의 재치 넘치는 입담 덕분에 무척 즐거웠습니다. ○○ 씨의 재치와 배려를 닮고 싶습니다."

'당신의 말과 행동이 멋지다고 느꼈습니다. 저도 그렇게 되고 싶습니다'라는 말을 듣고 싫어할 사람은 없습니다. '당신에게 영향을 받았다'는 말은 특히 상대의 자존감을 높여주어 긍정적인 반응을 이끌어냅니다.

이런 메시지를 보내기 위해서는 우선 상대방에 대한 관심, 상대방의 좋은 점을 발견하려는 노력이 필요합니다.

사소한 배려, 따스한 말투, 이타적인 행동 등으로 자신을 가꿔나가다 보면 자연스럽게 타인의 장점이 눈에 들어옵니다. 도전해볼 만한 가치가 충분하지 않나요?

모든 세대와 말이 통하는 호응의 기술

유난히 잘 지내기 어려운 상대가 있습니다. 어쩐지 관계가 잘 풀리지 않고 삐걱대는 느낌이 드는 상대는 누구에게나 있기 마련이지요.

대학을 갓 졸업한 신입사원의 교육을 맡은 선배들의 한탄을 자주 듣습니다. 요즘 젊은 세대는 지적을 받으면 바로 의욕을 잃고 퇴사하는 일이 많다고 합니다. 그래서 관리직 선배들이 젊은 후배를 칭찬하면서 가르친다고 합니다. 칭찬할 점이 많은 후배라면 교육하기도 그리 어렵지 않겠지만, 문제는 칭찬 거리를 찾기 힘든 사람을 지도할 때입니다.

이런 사람을 어떻게 대해야 할지 고민하고 있다면 '상대방 주인공 대화법'이 나설 차례입니다.

예를 들어 "휴일은 어떻게 보내?"라는 질문에 "요즘 근력운동

을 시작했어요"라는 대답이 돌아왔습니다. 이때는 다음과 같은
표현으로 상대방이 자신의 이야기를 할 수 있도록 유도합니다.

"헬스장에 가는 거야?"
"주로 어떤 운동을 해?"
"몸이 달라지는 느낌이 들어?"
"거울 보면서 포즈 잡아보기도 해?"

상대방이 이야기를 시작하면 "와!", "진짜!" 하고 감정을 담
아 호응합니다. 그러면 상대방도 신이 나서 당신에게 이런저런
이야기를 들려줍니다. 그리고 마지막에 "휴일 멋지게 보내네"
라고 긍정적인 말을 건네면 당신은 '대화가 통하는 상사'가 될
것입니다.

벽을 쌓는 대화, 허무는 대화

"내가 네 나이 때는 상사랑 밤새 술 마셨어"와 같이 자기가 주
인공인 이야기만 한다면 부하직원은 "우와, 대단하세요" 하고
맞장구를 쳐주면서도 속으로는 무관심으로 일관할 것입니다.

또 모든 이야기가 업무로 귀결되는 상사도 있습니다. 어떤 이야기가 나오든 업무나 교육으로 연결할 기회만 엿본다는 것을 상대는 민감하게 알아챕니다. 그러면 아무리 시간이 지나도 마음의 벽이 허물어지지 않습니다.

"최근에 근력운동을 시작했습니다"라고 부하직원이 말했을 때 "그 기운을 일하는 데도 좀 쏟아보지그래"라는 식으로 답하면 더 이상 대화가 진행되지 않습니다.

신입사원의 지도를 맡거나 관계가 잘 풀리지 않는 느낌이 들 때는 우선 상대가 기분 좋게 말할 수 있는 상황을 계속 만들어보세요.

'이 상사는 내 편이구나'라고 인식하게 되면 신뢰가 생겨나 그 후에 조금 엄격하게 지도해도 무리 없이 받아들일 가능성이 큽니다.

과묵한 손님을 '수다쟁이'로 만드는 기술

종종 '과묵한 손님'을 어떻게 대해야 할지 모르겠다고 고충을 털어놓는 사람들이 있습니다. 하지만 반대로 생각하면 상대가 말이 없을수록 '일류'의 능력을 발휘할 기회입니다.

과묵한 사람이 즐겁게 이야기를 풀어놓게 만든다면 당신은 흔치 않은 경험을 안겨주는 사람으로서 깊은 인상을 남길 수 있습니다.

과묵한 사람이 당신과의 대화를 진심으로 즐겼다면 분명 당신을 다시 찾아올 것입니다. '이 사람과 있으면 즐겁다'고 생각하면 당신을 다시 만나고 싶을 테니까요.

말수가 적은 사람은 "요즘 일하는 건 어떠세요?"와 같은 질문을 받아도 무슨 말을 하면 좋을지 이미지가 잘 떠오르지 않을 것입니다. 우선 이 점을 염두에 두어야 합니다.

그런 사람과 대화할 때 '예' 또는 '아니오'로 답할 수 있는 '닫힌 질문'부터 시작합니다.

"바깥 날씨 괜찮던가요?"

"춥지 않았어요?"

"길은 막히지 않았어요?"

이런 질문을 하면 상대방도 "비는 안 왔어요", "춥지 않아요", "길이 꽤 막혔어요" 하고 간단히 대답합니다. 하지만 이때 상대방의 긴장도 조금은 풀어집니다.

그러면 반드시 "아! 그렇군요" 하고 맞장구를 칩니다. 이때가 매우 중요합니다. 공감은 나와 상대방의 마음을 이어줍니다. 공감을 반복해나가다 보면 상대방의 마음속에 이미지가 훨씬 잘 떠오르게 됩니다.

그리고 한 가지 팁을 소개하고자 합니다. "바깥 날씨는 어때요?"라는 질문에 "맑아요", "비가 와요" 등 어떤 대답을 하든 이렇게 말해봅니다.

"그럼 오늘은 ㅇㅇ(당신의 근무지)에 오기 딱 좋은 날이네요."

그러면 상대방도 슬며시 미소를 지을 것입니다. 근무지에 따라 '초밥 먹기 좋은 날', '보험 들기 좋은 날'이 될 수도 있습니다. '일하기 좋은 날'로 응용할 수도 있겠지요.

이때도 대화를 너무 서두르지 말고 상대방의 얼굴을 보며 웃어주세요. 그러면 마음과 마음이 이어져 이미지의 교류가 일어납니다.

대화는 '말'보다 '마음을 나누는 것'이라고 생각하면 저절로 이야기가 매끄럽게 흘러가기 시작합니다. 꼭 한번 시도해보세요.

마음의 벽이 어느 정도 허물어졌을 때 상대방을 주인공으로 만드는 질문을 건넵니다.

"저희 가게는 어떻게 알게 되셨어요?"
"처음 방문하는 곳은 들어가는 데 용기가 필요하죠."

그러면 아무리 과묵한 사람도 분명 당신과의 시간을 즐길 것입니다. 이 고객이 다시 방문하는 것도 당연하겠지요.

'덕분에' '당신은요?'
'역시'

두 번째 만남이
더 기다려지는 사람

주인공은 아닌데
대화를 주도하는 사람

'읽씹', '안읽씹'
절대 없는 대화의 기술

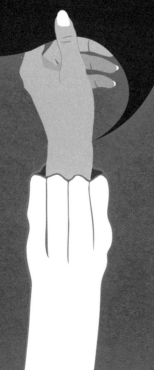

PART
10

따뜻하게
감싸 안아주는 말

— 상대의 깊은 마음 헤아리기

바로 앞에 있는 사람에게 집중하라

상대방을 주인공으로 만드는 대화법의 기본은 바로 앞에 있는 사람을 내 마음에 담아두고 상대방을 이야기의 중심에 놓는 것입니다.

다만 임기응변만으로 '상대방 주인공 대화법'을 활용하기는 조금 어렵게 느껴질 수도 있습니다. 사실 진정한 고수는 '이런 상황에서는 이런 표현'이라고 어느 정도 정해두고 커뮤니케이션을 합니다.

상황에 따른 대화법을 기억해두었다가 적절히 활용한다면 당신의 호감도는 급상승할 것입니다. 더불어 상대방에게 '어른스러운 사람'이라는 인상을 줍니다.

가장 먼저 매우 중요한 요령 하나를 소개하고자 합니다.

대화를 나누다 보면 그 자리에 없는 사람의 이야기가 나오기도 합니다. 이를테면 남편과 아내의 대화에서 자녀에 관한 이야기가 나올 수 있겠지요. 동료와의 대화에서 거래처 사람이 화제에 오르는 일도 있습니다.

그 자리에 없는 사람이 화제에 오를 때는 관련된 이야깃거리가 소진되면 곧바로 대화의 활기가 사라져버립니다.

이때도 대화의 주인공은 '바로 앞에 있는 상대방'이라는 점을 잊어서는 안 됩니다. '지금 여기 없는 사람'에 대해 이야기하던 흐름 그대로 상대방을 주인공으로 만들어보세요.

위기를 극적으로 벗어난 '한마디'

제 강의를 듣는 사람 중에 초등학생 남자아이 둘을 둔 아빠가 있습니다. 다음은 이 남성이 자녀의 공부를 봐주는 것에 대해 아내와 이야기를 나눈 내용입니다.

"아이들 공부 봐주는 날을 하루로 모으면 좋겠어."

"그래. 그런데 왜?"

"토요일 오후에 공부를 몰아서 봐주고 나도 자유 시간을 좀 가지려고. 괜찮지?"

이런 이야기로 한동안 아이 교육에 관해 대화를 나누다가 그는 번뜩 '지금 여기서 아내를 이야기의 주인공으로 만들어야겠다'는 생각이 들었다고 합니다.

"당신도 자기 시간이 필요하지? 그동안 몰라줘서 미안해."

이 한마디를 건네자마자 아내는 말을 쏟아내기 시작했고 결국 눈물까지 흘리며 이야기를 이어갔다고 합니다.

그 당시의 대화에 대해 그는 이렇게 말했습니다.

"스트레스가 정말 많이 쌓였나 봐요. 그때 이야기를 제대로 들어주지 않았다면 나중에 어떻게 됐을지 생각만 해도 아찔합니다."

그러고는 다음과 같이 덧붙였습니다.

"그 뒤로 제가 출근할 때 아내가 현관까지 배웅해줍니다. 신혼 첫 2주 이후로는 없던 일인데 말이지요."

상대 중심 대화법이 한 가정을 지켜냈습니다. 상대방을 이야기의 중심으로 만드는 것은 '사랑 표현'과 같은 효과를 발휘하는 셈입니다.

대화가 특히 즐거운 사람의 특징

　엄마들 모임에서 사람들과 교류하는 것은 어린 자녀를 둔 엄마의 남모를 고충이기도 합니다. 자녀가 어릴 때는 아무래도 화제가 아이에 관한 일로 치우치게 됩니다.

　"우리 애는 엄마 말을 전혀 안 들어요."

　"정리를 못 해서 결국 제가 다 정리하게 돼요."

　"옷도 혼자서 제대로 못 갈아입는데, 초등학교에 들어가면 어떻게 될지."

　이처럼 푸념이라고도 불안이라고도 할 수 있는 이야기들이 나옵니다. 자신에 대해서는 좀처럼 이야기할 기회가 없습니다.

　집에서도 상황은 비슷합니다. 부부의 대화는 온통 자녀에 관한 이야기뿐입니다. 아내가 자신의 이야기를 할 기회도, 그 이야기를 귀담아 들어주는 남편도 그리 많지 않습니다.

이럴 때일수록 자신에 대해 이야기할 기회를 만들어주는 사람에게 강한 호감을 느낍니다. 엄마들 모임에서 만난 사람과 대화할 때도 아이가 아닌 '상대방'에게 초점을 맞춰 이야기를 끌어내 보세요. 그 배려가 상대방을 기분 좋게 만들고 마음의 벽을 허물어뜨립니다.

예를 들어 "○○ 군은 인사도 잘하고 싹싹해서 좋겠어요"라는 표현도 주인공을 그 엄마로 바꿔 말해봅니다.

"○○ 군이 인사를 잘하는 건 엄마의 교육 덕분이겠죠."

자연스럽게 엄마가 주인공인 대화가 전개됩니다.

한 엄마가 "아침부터 밤까지 혼내기만 해요"라고 웃으면서 말하면 "자기 시간을 조금이라도 만들고 있나요?" 하고 엄마의 이야기를 끌어냅니다.

이런 경험이 여러 번 쌓이면 상대방은 '○○ 엄마랑 대화하면 정말 즐거워'라고 느끼고 관계는 더욱 돈독해집니다.

누군가 자기 이야기를 들어주면 스트레스가 해소됩니다. 당신도 자신의 이야기를 누군가에게 들려줌으로써 스트레스를 털어내 보세요.

자연스럽게 말문을 여는 요령

사춘기 자녀의 반항기 때문에 자녀와 어떻게 대화해야 할지 고민이라는 사람들도 많습니다.

아이는 왜 반항할까요? 자신이 어렸을 때를 떠올려보면 답은 바로 나옵니다. 아이들이 반항하는 이유는 부모와 세상의 가치관을 강요하기 때문입니다.

'좋은 학교에 들어가라', '부모님과 선생님 말씀 잘 들어라', '남에게 민폐 끼치지 마라'는 억압을 아이는 순순히 받아들이기가 어렵습니다.

'너는 도대체 왜 ……하지 않는 거니?', '그런 걸 하면 제대로 된 어른이 못 된다'와 같이 책망하는 말만 듣다 보면 저절로 반발심이 일어납니다.

분명 자기도 어릴 때는 같은 감정을 느꼈을 텐데 부모의 입장이 되면 그 마음을 잊어버리는 모양입니다.

남에게 피해를 줄 만한 일을 제외하고는 아이가 어떤 길을 가든 '모든 선택은 아이 스스로 책임지는 일'이라고 달관할 수 있다면 논쟁은 분명 줄어들 것입니다.

평소 대화할 때는 부모의 가치관을 밀어붙이지 말고 '아이가 몰두해 있는 것'에 대해 긍정적으로 표현해보기 바랍니다.

게임을 좋아하는 아이라면 대화의 주인공이 '게임'이 아니라 '아이'가 되도록 말해봅니다.

대화를 시작하는 요령은 아이가 게임을 통해 '어떤 것을 생각하고', '어떤 것을 이야기하고', '어떤 것을 하는지' 상상하며 질문하는 것입니다.

아이가 말을 쏟아내게 만드는 질문

"게임은 그렇게 오랜 시간 해도 안 힘들어?"

"친구랑 대화할 때는 주로 게임에 관련된 얘기를 제일 많이 나누니?"

"게임을 안 하면 친구들을 사귀기 힘들 정도로 다른 아이들도 모두 게임을 해?"

"모르는 사람과 대전하기도 하고 같은 팀이 돼서 협력도 한다며? 전혀 모르는 사람인데도 협력이 잘돼?"

"게임하는 방식을 보면 그 플레이어가 좋은 사람인지 나쁜 사람인지도 알 수 있어?"

이런 질문을 건네보면 의외로 흥미로운 에피소드를 들을 수 있습니다.

"게임만 하지 말고 공부 좀 해"라고 무조건 윽박지르면 아이는 마음의 문을 굳게 닫아버립니다.

평소 아이의 말에 관심을 보이고 확실하게 공감을 표현하면서 긍정적으로 대해주세요. 아이는 '몰라', '그냥 그래', '관심 없어'가 아닌, 생각지도 못한 이야기를 쏟아내게 될 테니까요.

아이와 좋은 관계를 만들고 싶다면 이렇게 물어봐 주세요.

"게임만 하면 공부에 소홀해지지 않을까 아빠(엄마)는 걱정되는데, 네 생각은 어때?"

그러면 아이 나름대로 생각한 것을 이야기할 것입니다. 그 뒤로는 당신의 소중한 아이를 믿고 따뜻하게 지켜봐 주세요.

아이와 대화를 시작하기 좋은 이야깃거리가 있습니다.

바로 "오늘 학교에서 사소한 사건 같은 거 있었어?"라고 물어보는 것입니다.

"뭔가 특별한 일 있었어?"라고 물으면 '굉장한 이야기를 해야 하나?' 하고 아이가 부담감을 느낄 수 있습니다. 그런데 '사소한 사건'이라고 하면 아무리 사소한 일이어도 상관없다는 인상을 줍니다.

"○○가 과학 시간에 방귀를 뀌었어"처럼 소소하고 예상치 못한 에피소드를 듣게 될지도 모르고요. 이 질문은 상대방이 어른일 때도 활용할 수 있습니다. 상대방이 가벼운 마음으로 이야기를 꺼내게 만드는 마력이 있으니 꼭 한번 시도해보세요.

세상에서 가장 세련된 칭찬

"정말 센스 있는 분이시네요. 우리 딸도 당신처럼 센스 있는 사람이 되면 좋겠어요."

상사 혹은 선배에게 이런 칭찬을 받았다면 어떻게 대답할까요? 적당한 말이 떠오르지 않아 곤란해하는 사람들이 상당히 많을 것입니다.

일본인들은 대부분 칭찬하는 것이나 칭찬받는 것에 능숙하지 않습니다.

칭찬의 말에 "그렇지 않습니다"라고 계속 완고하게 부정하면 상대방은 호의를 거절당한 듯해 섭섭함을 느낄 수 있습니다.

그렇다고 "맞아요. 그런 말 자주 듣습니다"라고 대답해버리면 상대방이 어떻게 반응해야 좋을지 몰라 당황하게 됩니다.

이럴 때 칭찬의 말을 자연스럽게 받아들이면서 상대방을 기분 좋게 해주는 '세련된 표현'이 있습니다.

　　　　"○○ 씨에게 칭찬받을 때가 제일 기분 좋습니다."

　말하는 사람도 쑥스러운 상황에서 벗어나고 상대방도 흐뭇해하는 표현입니다. 물론 이런 표현을 할 줄 아는 당신에게 더욱 강한 호감을 느끼게 될 것입니다.

　조금만 깊이 들여다보면 '○○ 씨에게 칭찬받을 때가 제일 기분 좋습니다'라는 말에는 '당신은 내게 최상의 존재입니다'라는 의미가 내포되어 있습니다.

　　　　"이렇게 기분 좋은 말을 듣는 건 처음입니다."

　이런 표현도 활용해볼 수 있습니다.

　이 말은 '이렇게 기분 좋은 말을 해주시는 당신이야말로 진정 멋진 분입니다'라는 의미를 전달합니다.

　앞으로는 다른 사람에게 칭찬받으면 이 2가지 표현을 꼭 활용해보세요. 분명 호감 가는 사람, 어른스러운 사람이라는 평가가 따라올 것입니다.

나를 특별한 존재로 만드는 특별한 말

데이트를 하는 연인이 즐거운 식사를 끝내고 헤어질 때면 흔히 "오늘 즐거웠어요"라는 인사를 건넵니다. 또는 헤어지고 나서 메신저나 메일로 이 같은 내용을 전하기도 합니다.

그럴 때 한번 곰곰이 생각해보세요. '나는 왜 즐거웠을까?' 하고요.

상대방의 웃는 얼굴, 상대방이 보여준 반응과 마음 씀씀이, 상대방과 나눈 대화, 상대방이 만든 분위기, 이 모든 것이 당신을 즐겁게 만들어주었기 때문이 아닌가요?

즐거웠던 이유를 깨달았다면 상대방에게 이렇게 전해보세요.

"오늘 만나서 정말 즐거웠습니다. ○○ 씨와 있으면 정말 시간 가는 줄 모르겠어요."

'즐거웠다'고 했을 때와 'ㅇㅇ 씨와 있으면 시간 가는 줄 모르 겠다'고 했을 때 상대방이 받는 인상은 확연히 다릅니다. 상대 방이 느끼는 감동의 크기가 전혀 다르다는 것입니다.

전자는 '내가 그냥 즐거웠다'는 메시지를, 후자는 '당신의 매 력이 나를 즐겁게 만들었다'는 메시지를 전합니다. 후자일 때 상대방은 훨씬 강한 인상을 받습니다.

'당신의 존재가 나를 즐겁고 행복하게 만든다'는 말은 '상대 방에게 힘을 위임하는 표현'으로 상대방의 존재 자체를 인정하 고 높여줍니다. 듣는 사람은 '나를 의지하고 있구나, 내가 신뢰 받고 있구나'라고 느낍니다. 감동으로 가슴이 찡해지고 기쁨이 솟구치면서 상대방과의 '일체감'이 생겨납니다.

누군가에게 힘을 위임한다는 것은 그 존재를 인정하면서 믿 고 의지한다는 의미입니다. 실제로 이런 부분을 어려워하는 사 람은 연애나 결혼 생활이 원만하지 않은 경우가 많습니다. 상 대방은 자신의 존재를 인정받지 못한다고 느끼고 외로워합니 다. 상대방을 외롭게 만든다면 아무리 미남미녀라도 누군가에 게 '늘 함께하고 싶은 사람'이 될 수는 없겠지요.

"당신과 함께 있으면 정말 즐거워요."

이 멋진 표현을 익혀두었다가 예쁜 사랑을 만들어가기를 바랍니다.

일체감을 느끼는 순간 무장해제된다

한 여자 배우가 결혼을 결심하기까지 과정을 이야기했는데 사연이 무척 흥미로웠습니다.

그녀는 지인 남성과 식사할 기회가 많았고 그 모습이 종종 잡지에 실렸다고 합니다. 그때마다 상대 남자에게 '지난번 같이 식사하는 모습이 파파라치에 찍혔다'고 전해주었지요.

그러면 다른 남자들은 모두 '내 얼굴도 잡지에 나오는지'를 걱정했는데, 지금의 남편은 "저는 괜찮은데 당신 일에 지장이 생기는 건 아닌가요?"라고 물어봐 주었다고 합니다. 거기서 그녀는 '결혼한다면 이 사람하고 할 것이다'라고 마음을 굳혔다고 합니다.

그 말이 그녀의 마음을 제대로 사로잡은 모양입니다.

평소 상대방에게 초점을 맞춰 생각하고 상대방을 중심에 두고 말하기, 이것이야말로 '상대방 주인공 대화법'의 근본입니다.

상대방을 바라보며 '우선 당신의 기분을 알고 싶다. 그 기분을 따라가고 싶다. 그러니 당신의 이야기를 나누자'는 마음으로 대화하는 것입니다.

이 대화법은 결혼 생활을 원만하게 만드는 비결이기도 합니다. 잘 익혀두면 행복한 결혼 생활을 하는 데 큰 보탬이 되리라 생각합니다.

'당신의 바람은 나의 바람'

'당신의 바람은 나의 바람'이라고 표현할 줄 아는 사람은 상대방의 눈에 매력적으로 비칩니다.

예를 들어 상대방이 즐거운 일을 앞두고 있는 상황입니다. 취미 활동, 데이트, 좋아하는 스포츠팀 경기 관람 등 어떤 일이든 좋습니다. 이럴 때는 '당신의 바람은 나의 바람'이라는 표현을 해보세요.

지인이 "이번 주 연휴에 캠핑하러 가요"라고 말했을 때는 "날씨가 좋으면 좋겠네요"라고 말하기보다 과감하게 "연휴 내내 날씨가 맑기를 기도할게요"라고 전해봅니다. 상대방이 바라는 것을 함께 바람으로써 '일체감'이 생겨납니다.

"내일은 좋아하는 야구팀 응원하러 가요"라는 말을 들었다면 "그 팀이 이기기를 기도할게요"라고 말해보세요. 당신이 그 팀의 팬이 아니더라도 연대감이 생겨납니다.

"콘서트 티켓을 사려고 계속 시도하고 있어요"라고 한다면 "제일 좋은 자리를 잡을 수 있도록 기도할게요"라고 상대의 바람을 함께 기원합니다. 상대의 편이 되어주는 것입니다.

내가 바라는 것을 함께 기원해준다면 상대는 자신을 따뜻하게 감싸 안아주는 기분을 느낄 것입니다.

상대방에 대한 깊은 애정과 배려가 담긴 성숙한 어른의 표현이지요. 상대방은 당신이 곁에 있다는 사실에 감사하다는 기분마저 느낄 것입니다.

이런 마음가짐을 잘 익혀두었다가 활용하기 좋은 타이밍이 오면 주저하지 말고 시도해보세요. 기뻐하는 상대방의 얼굴을 보고 나면 이런 표현들을 자연스럽게 말할 수 있을 것입니다.

의식적으로 상대방을 마음에 두고 커뮤니케이션을 해나가다 보면 어느새 누구에게나 당신은 '매력적인 사람'이 되어 있을 것입니다.

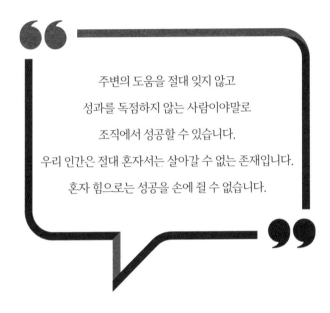

주변의 도움을 절대 잊지 않고

성과를 독점하지 않는 사람이야말로

조직에서 성공할 수 있습니다.

우리 인간은 절대 혼자서는 살아갈 수 없는 존재입니다.

혼자 힘으로는 성공을 손에 쥘 수 없습니다.

말이 아닌 마음을 전달하는 것

커뮤니케이션 능력은 '전달력'이라고 믿는 사람들이 많습니다. 누구나 자기 이야기를 하려 하고 늘 자기가 주인공이 되고 싶어 합니다. 마치 마음속에 자기 자신이라는 단 한 사람만 존재하는 듯이 말이에요.

하지만 그런 마음으로 대화해서는 다른 사람과 원만한 관계를 맺을 수 없습니다.

저는 이렇게 생각합니다.

"커뮤니케이션이란 각각 별개였던 두 사람이 녹아들며
하나가 되는 과정이다."

당신이 상대방을 생각할 때, 당신의 마음에는 두 사람이 존재합니다. 마음에 다른 이가 들어오면 더 따뜻해지고 한층 강해집니다.

누군가와 이야기할 때 그 사람의 얼굴을 떠올려보세요. 그 사람이 무엇을 생각하고 무엇을 이야기하고 무엇을 할까 상상해보면서 상대방을 대화의 주인공으로 삼기만 하면 됩니다. 그걸로 충분합니다.

재치 넘치는 질문을 하지 못해도, 무심코 자기 이야기가 튀어나와도, 사물이나 장소가 주인공이 되더라도 걱정하지 마세요. '상대방'에 대해 생각하기 시작한다면 그것은 인간으로서 한 단계 성장하는 계기가 될 테니까요. 내가 아닌 '상대를 생각하는 것'이 가능해질 때 신기하게도 스스로 더 강해졌다고 느낄 것입니다. 결혼하고 아이의 부모가 된 사람이 갑자기 '듬직해지는 것'도 바로 이런 이유입니다.

  대화할 때뿐만 아니라 어떤 상황에서나 타인을 생각하고 배려할 줄 알면 커다란 만족감이 당신을 감쌀 것입니다.

  마음이 풍요로워지면 더 이상 당신이 주인공이 아니어도, 상대방의 웃는 얼굴을 보는 것만으로도 충분히 행복을 느낄 수 있습니다.

노구치 사토시

50센티 더
가까워지는
선물보다
좋은 말

초판 1쇄 발행 | 2022년 10월 25일
초판 3쇄 발행 | 2022년 12월 15일

지은이 | 노구치 사토시
옮긴이 | 최화연
펴낸이 | 정서윤

편집 | 추지영
디자인 | 지 윤
마케팅 | 신용천
물류 | 책글터

펴낸곳 | 밀리언서재
등록 | 2020. 3.10 제2020-000064호
주소 | 서울시 마포구 동교로 75
전화 | 02-332-3130
팩스 | 02-3141-4347
전자우편 | million0313@naver.com
블로그 | https://blog.naver.com/millionbook03
인스타그램 | https://www.instagram.com/millionpublisher_/

ISBN 979-11-91777-23-9 (03190)

값 · 16,000원